汉语国际教育教材

苏州大学师生海内外汉语教学案例

樊 燕 著

苏州大学出版社

图书在版编目(CIP)数据

苏州大学师生海内外汉语教学案例/樊燕著.—苏州：苏州大学出版社，2015.12
ISBN 978-7-5672-1628-0

Ⅰ.①苏… Ⅱ.①樊… Ⅲ.①汉语-对外汉语教学-教案(教育) Ⅳ.①H195.3

中国版本图书馆 CIP 数据核字(2015)第 309979 号

书　　名	苏州大学师生海内外汉语教学案例
作　　者	樊　燕
责任编辑	周建国
装帧设计	吴　钰
出版发行	苏州大学出版社(Soochow University Press)
社　　址	苏州市十梓街1号　邮编：215006
印　　装	宜兴市盛世文化印刷有限公司
网　　址	www.sudapress.com
邮购热线	0512-67480030
销售热线	0512-65225020
开　　本	787mm×1092mm　1/16　印张：13　字数：269 千
版　　次	2015 年 12 月第 1 版
印　　次	2015 年 12 月第 1 次印刷
书　　号	ISBN 978-7-5672-1628-0
定　　价	35.00 元

凡购本社图书发现印装错误，请与本社联系调换。服务热线：0512-65225020

前　言

苏州大学专门针对外国人进行汉语教学的历史已经有二十多年了。近年来，随着苏州大学国际知名度的提高，来苏大学习的外国留学生越来越多，留学生的层次和背景也越来越多样，汉语教学正面临着前所未有的巨大挑战。汉语教师如何与时俱进，在新形势下站稳讲台，是一个亟待解决的大问题。与此同时，老挝苏州大学、美国波特兰孔子学院、尼日利亚拉各斯大学等海外汉语教学正蓬勃开展，海外汉语教学的特殊性，也对汉语教师提出了新的要求。

文学院承担着苏州大学汉语教师培养的重任。从2011年开始，文学院汉语国际教育专业的教师和学生就陆续被派往世界各地进行汉语教学，带回来很多丰富而有特色的教学案例。这些案例不论是对于正在从事汉语教学的教师，还是有志于成为汉语教师的汉语国际教育专业的学生，都有非常重要的参考价值。本书筛选的实际教学案例就是这些特色案例中的一部分。随着苏州大学国际交往半径的扩大，我们的案例也会同步增加扩充。

当前我国在世界各地建立的孔子学院已近500所，汉语国际推广初见成效。中国经济的崛起，极大地增强了汉语作为第二语言学习者对汉语和中华文化的认同感，他们不再满足于说几句简单的汉语，写几个好玩儿的毛笔字，而是希望通过学习汉语深入了解中国，了解中国的文化。正是在这样一种大的背景下，世界汉语教学的形式和内容都在发生变化。过去单一的语言教学已经远远不能满足学习者的需求，如何将语言学习与中华文化的学习在课堂教学中融合，是目前汉语教学界正在关注的前沿问题。本教材中的文化主题教学案例，就是将语言教学和文化教学进行融合的尝试。本着"以小见大"的编写原则，充分考虑留学生的语言水平，本书从跨文化视角选取了九个案例，涵盖了中国饮食、中国传统工艺、中国书法、中国戏剧、中国传统花卉等多个方面。今后我们还将在此基础上扩大编写范围，尽可能勾勒出中国文化的全貌。

本书即将付梓，在此衷心感谢参与案例编写的各位同仁，本书得到他们的授权，引用了他们参与编写的部分教学案例。同时，感谢文学院领导的大力支持，感谢苏州大学出版社编辑老师们认真细致的审定！

编者

2015 年 12 月 12 日

目 录

海内外教学实录篇

老挝苏州大学汉语教学

《我想去苏州》教案 ································ 3

《我不能去看电影》教案 ·························· 5

美国波特兰孔子课堂汉语教学

《"石头"儿歌教学》教案 ························ 11

《美丽的颜色》教案 ······························ 15

《我的家》教案 ···································· 18

《汉语拼音》教案 ································ 23

《意外事故》教案 ································ 26

韩国大真大学汉语教学

《我想自己开个律师事务所》教案 ·············· 33

尼日利亚拉格斯大学汉语教学

《我们的学习生活》教案 ·························· 39

新西兰中学汉语教学

《你好》教案 ······································ 45

菲律宾幼儿园汉语教学

《女》教案 ·· 49

泰国孔敬大学汉语教学

《你怎么了》教案 ································ 55

富苏暑校汉语教学

　《这是第一次》教案 …………………………………………………………… 61

短期速成汉语教学

　《你快要成"中国通"了》教案 ………………………………………………… 67

文化主题教学篇

《囍》教案 ……………………………………………………………………… 73

《囍》教案 ……………………………………………………………………… 93

《京剧脸谱》教案 ……………………………………………………………… 101

《桂花》教案 …………………………………………………………………… 110

《折扇》教案 …………………………………………………………………… 128

《风筝》教案 …………………………………………………………………… 152

《筷子》教案 …………………………………………………………………… 164

《豆腐》教案 …………………………………………………………………… 171

《油条》教案 …………………………………………………………………… 191

海内外教学实录篇

老挝苏州大学汉语教学

《我想去苏州》教案

【教学对象】 在老挝苏州大学学过240学时汉语的老挝人,共22名。学生背景比较复杂,有老挝国立大学和其他专科学校的大学生,有中资企业的员工,有高中毕业生和高中在读学生,有华侨和华裔。这些学生的共同特点是,口头表达欲望强,汉字的书写能力极弱,都是利用业余时间学习汉语,对中国和汉语的认同感较强。

【课型特点】 本课为综合课,要求对学生进行听说读写四种技能的综合训练。开学第一节课,是非常特殊的一课,是中文教师与外国学生的首次碰面,是两种甚至多种文化之间的首次碰撞,不确定因素很多。教师在第一节课上留给学生的印象好坏将对今后教学能否顺利开展起着至关重要的作用,教师应当特别重视,不能流于简单的自我介绍和相互认识。

【教学材料】 自编讲义。

【教学辅助】 多媒体课件、图片。

【设计思路】 老挝苏州大学在万象的建立,提高了苏州和苏州大学在老挝的知名度,很多学生已经做好到苏州大学留学的准备。教师刚刚从苏州到达万象,在学生眼里教师就是苏州的代名词,因此开学第一节课以苏州和苏州大学作为师生之间认识的桥梁,容易产生共鸣。

【教学目标】 较快与学生建立感情,为顺利开展后面的教学活动奠定基础。

【教学重点】 能使用"先"、"然后"、"最后"流利地成段口头和书面描述"我要去苏州"。

【教学时间】 2课时,每课时50分钟。

【教学过程】

一、告知学生本轮教学过程为期两个半月,60学时,在这期间将要开展的四次中国文化课堂活动:学剪纸、学唱中文歌、学书法、学画中国画。

二、播放《苏州好风光》MV,让学生在美妙的音乐中对苏州有一个大概的了解。

教师:苏州怎么样?

学生:很漂亮。(预设)

教师:想去苏州吗?

学生:想。

引出本次的教学主题:《我想去苏州》。

三、学生对老挝的苏州大学已非常熟悉,教师介绍苏州的苏州大学(通过学生比较感兴趣的有代表性的大量实景图片来说明)。

教师:苏州大学怎么样?

学生:很漂亮。(预设)

四、填图。让学生模仿屏幕上的这张图片画一张中老位置关系图(图略)。在图形绘好之后,教师将图中的汉字隐去,让学生用拼音或汉字在图中相应的位置上填写"中国"、"老挝"、"北京"、"万象"、"苏州"、"上海"、"昆明"。

五、教师通过由苏州到万象途中拍摄的照片告知学生她是怎么从苏州来的,然后用PPT播放下面一段话:

我们来万象了

14号上午我们从苏州出发,先坐汽车到上海虹桥飞机场,然后坐飞机到昆明,最后坐老挝的飞机到万象。飞机上的空姐很漂亮,万象也很漂亮,我们都很喜欢这里。

教师通过领读、分组读、分句读等方式,引导学生正确地朗读这段话,同时了解"先"、"然后"、"最后"的用法。

六、在教师的帮助下全体学生试着说:"我想去苏州"(用"先"、"然后"、"最后"),需要反复进行三次。布置分组练习,教师巡视。在测试过程中,教师与学生相互认识,学生将名字卡写好放在桌角,教师将自己的名字卡贴在胸前。巡视结束后进行分组口头测试。

苏州很漂亮,苏州大学也很漂亮,我想……

七、教师在黑板上书写"我想去苏州",学生一边朗读,一边抄写。

我想去苏州

苏州很漂亮,苏州大学也很漂亮,我想去苏州学习汉语。我们先从万象坐飞机到昆明,然后换坐中国的飞机到上海,最后从上海坐汽车到苏州。

【课后作业】

1. 巩固并熟练掌握课堂完成的口头表达:《我想去苏州》。
2. 用田字簿(学校专门从中国带来的)抄写《我想去苏州》两遍。
3. 预习新课。

【教学反思】 本次教学基本上达到了预定的目标,课堂效果良好,师生都非常愉快。教学设计与实践不吻合的地方是,学生对《苏州好风光》MV的兴趣低于教师的预期。可能因为学生对苏州文化很陌生,而片中大量闪现的苏州元素让学生很难在短时间内接受并消化。通过本次教学教师发现,老挝学生对苏州古典的、传统的元素不太感兴趣,他们喜欢的是现代化的苏州,今后在示例时注意结合现代化的苏州进行教学。

(本案编写者:樊燕)

《我不能去看电影》教案

【教学对象】 学习了《成功之路·入门篇》和《成功之路·起步篇1》的老挝人共22名。学生背景比较复杂,有老挝国立大学和其他专科学校的大学生,有中资企业的员工,有高中毕业生和高中在读学生,有华侨和华裔。这些学生的共同特点是,口头表达欲望强,汉字的书写能力极弱,都是利用业余时间学习汉语,对中国和汉语的认同感较强。

【教学材料】 《成功之路·起步篇》(北京语言大学出版社,2008年9月版)。

【教学方法】 内容教学法。

【教学辅助】 多媒体课件、图片。

【设计思路】 《成功之路》这套教材是针对长期来华留学的外国人编写的,以北京留学生的生活为背景,不太适合对老挝人的汉语教学。因此教师在实际教学中需要对教材进行大胆的处理,该删除的删除,该增加的增加。本课的教学,教师以近年来在北美地区比较流行的内容教学法为指导,将语法知识点"想"、"能"、"要"和生词"票"作为学习新知识的工具,而不是将它们作为直接的学习对象,将现代化的苏州元素和老挝首都万象的文化元素融入教学中,以学生熟悉的生活场景作为语言教学的内容,加大了对教材的处理力度,注重课堂教学的趣味性。

【教学目标】 通过句式句型训练,学生能够熟练掌握能愿动词"想"、"能"、"要"的基本意义和用法。

【教学重点】 "想"、"能"、"要"。

【教学时间】 6课时,每课时50分钟。

【教学过程】

一、检查《我想去苏州》课后作业的完成情况。

二、生词"票"的扩词练习,扩展出"飞机票"、"火车票"、"电影票"等词语。

承接开学第一课的内容,从"坐飞机去苏州"引出词汇"飞机票"。老挝国内没有火车,学生对新型火车动车与高铁充满了好奇和向往,在学习"火车票"的语言形式时,教师加入上海到苏州乘坐高铁便利性的介绍。与"电影票"相关联的文化内容是介绍苏州一流的电影院——苏州文化艺术中心,高端大气的现代电影院一定会吸引学生的注意力。

三、中国电影(成龙《十二生肖》)、印度电影(《三傻大闹宝莱坞》)、美国电影(《功夫熊猫》)图片展示,请学生说出喜欢的电影。

教师:你想看什么电影?

学生：我想看＿＿＿＿＿＿＿＿＿＿＿＿＿＿。

四、能愿动词"想"的教学

教师经过课下跟学生交谈、业余时间到万象的街头体验，发现如下信息：

1. 湄公河夜市和凯旋门公园是万象知名度最高的两个地方。

2. 世界文化遗产琅勃拉邦是老挝最负盛名的旅游景区。

3. 老挝人的生活节奏很缓慢，晚上在街头吃烧烤、喝啤酒是首都万象居民最普遍的一种生活方式。

4. 老挝啤酒在世界上颇有口碑，万象街头的各式酒吧很多，也是年轻人最喜欢去的地方之一。

5. 老挝人大都能歌善舞，家庭聚会通常载歌载舞。

6. 在老挝居住和工作的中国人有十万左右，主要聚集在万象，中国城在万象很受欢迎，那里出售中国生产的各类物品。

五、根据获得的这些信息进行设计

1. 注音并通过图示、翻译、肢体语言解释下列词语：

| 唱歌 | 喝酒 | 看电影 | 买东西 | 看风景 | 吃烧烤 |
| 琅勃拉邦 | 酒吧 | 湄公河边 | 中国城 | 电影院 | 凯旋门公园 |

2. 根据实际生活经验将活动地点和活动连线。

琅勃拉邦　　　　　　　　唱歌

中国城　　　　　　　　　喝酒

凯旋门公园　　　　　　　看电影

湄公河边　　　　　　　　买东西

酒吧　　　　　　　　　　看风景

电影院　　　　　　　　　吃烧烤

3. 将题2中连线成功的词语套用下面的结构进行句型练习。

(1) 我想去＿＿＿＿＿＿＿＿＿＿＿＿＿＿＿＿＿＿＿＿＿＿。

(2) 你想去＿＿＿＿＿＿＿＿＿＿＿＿＿＿＿＿＿＿＿＿＿＿吗？

(3) 你想不想去＿＿＿＿＿＿＿＿＿＿＿＿＿＿＿＿＿＿＿？

4. 两人一组进行一问一答练习。

5. 根据实际情况进行师生问答。

例：你想去中国留学吗？/你想不想去中国留学？

　　我想去。/我不想去。

　　老师，你想回国吗？/你想不想回国？

　　我不想，老挝太好玩了。

6. 在练习本上抄写下面六个句子，教师先板书，然后在教室巡视，帮助书写特别困难的学生。要求学生课下记忆默写。

（1）我想去琅勃拉邦看风景。

（2）我想去湄公河边吃烧烤。

（3）我想去酒吧喝酒。

（4）我想去电影院看电影。

（5）我想去中国城买东西。

（6）我想去凯旋门公园唱歌。

六、能愿动词"能"的教学

1. 社会调查结果：

(1) 摩托车和私家汽车是万象普通市民主要的交通工具。

(2) 班里的学生大都会开车。

(3) 老挝货币单位是基普，也称老币。

2. 注音并通过图示、翻译、肢体语言解释下列词语：

> 基普(老挝币)　摩托车　结婚　手机　湄公河　上网

3. 教师将自己刚到老挝时的实际情形编写成下面的句子，并带领学生朗读。

例：我没有基普(kip)，不能买东西。

我没有摩托车，不能去湄公河。

我没有驾照，不能开车。

我没有手机，不能打电话。

我不会说老挝语，不能坐公共汽车。

4. 针对教师的情形，请学生说出自己的实际情况。

例：我有基普(kip)，能买东西。

我有摩托车，能去湄公河。

我有驾照，能开车。

我有手机，能打电话。

我会说老挝语，能坐公共汽车。

5. 教师说前半句，学生完成后半句，要求学生抄写整句并能熟练表达。

例：我没有男朋友，不能结婚。

我没有人民币，不能买东西。（在中国）

我没有驾照，不能开车。

我没有汽车，不能去湄公河。

我没有苹果(iPhone)手机，不能上网。

七、能愿动词"要"的教学
("要"的前面常常加"一定")
1. "要"和"想"的辨析。

$\begin{cases} 我想上厕所(WC)。\\ 我要上厕所。(很想) \end{cases}$

$\begin{cases} 我想去中国。\\ 我要(plan)去中国。 \end{cases}$

$\begin{cases} 我想找一个漂亮的女朋友。\\ 我(一定)要找一个漂亮的女朋友。 \end{cases}$

2. 用"要"对曾经学习过的内容提问。
(1) 今天晚上你要去哪儿唱歌?
(2) 今天晚上你要去哪儿喝酒?
(3) 今天晚上你要去哪儿看电影?
(4) 明天你要去哪里买东西?
(5) 今天晚上你要去哪里看风景?
(6) 今晚你要去哪里吃烧烤?

(本案编写者:樊燕)

海内外教学实录篇

美国波特兰孔子课堂汉语教学

《"石头"儿歌教学》教案

【教学对象】 美国波特兰孔子课堂沉浸式项目的幼儿园学生,在学校已经学过240个学时的课,共19名。学生有的是美国孩子,有的是"香蕉人"(看起来是中国人,但是不会说汉语),基本上都是从零基础开始学习汉语。在校期间,每天上半天汉语课、半天英语课,汉语课上老师用汉语教授数学、语文。学生活泼好动,通过动作和语言进行表达的欲望非常强烈,对音乐、乐律、色彩很敏感。

【教学内容】 【复习】 A. 方位词"在……上"、"在……下"。

B. 动词"有"。

【新课内容】A. 学习新字:石(发散思维,总结石头的好和不好)。

B. 根据所学内容,引导学生编儿歌。

C. 将学生分为四个小组为儿歌编动作。

【教学目标】 1. 通过词语的学习,能够掌握生词的意义和用法。

2. 通过编儿歌,扩散思维,加深对汉字的印象。

3. 通过为儿歌编动作,掌握儿歌的内容,加强词语运用能力。

【课时时间】 2课时,共120分钟。

【学习策略】 运用归纳总结的方式,引导学生发散思维,完成儿歌。通过小组学习体会合作学习的好处。

【教学重点】 根据石头的导入,引导学生进行思维扩散,编写自己的儿歌。

【教学辅助】 图片、白板、马克笔。

【教学过程】

一、组织教学

播放乐曲《恭喜恭喜》。(轻快的中文音乐帮助学生尽快地进入汉语学习环境)

课堂指令:

教师:同学们,今天是几月几号星期几?

学生:老师,我们告诉你,今天是十月十号,星期一。

(这个课堂指令是每节课都会用的,这样同学们在每天不断重复的过程中就掌握了日期的用法。)

二、复习

老师在白板上画"土"。

老师:这是什么?

学生:土。

老师:土有用吗?

学生:有用。

老师:什么东西喜欢土?

学生:树。

老师在黑板上画树。

老师:这是什么?

学生:这是树干。

在此部分,老师引导学生回忆上一节课所学的内容。

1. 集体复习:老师和学生一起复习所编的儿歌。

2. 学生复习:学生在没有老师带领的情况下,复习儿歌。

3. 选择志愿者在同学们前面展示。

三、导入

老师:树上有什么?

学生:树上有树叶。

老师:树上还有什么?

学生:树上还有小鸟。

老师:树下有什么?

学生:树下有草。

学生:树下有花。

学生:树下有狗。

学生:树下有猫。

学生:树下有石头。

老师:树下有石头。好,今天我们学习"石"字。

四、生词

1. 领读。

2. 练习。带领学生,举起手指,一起写"石"字。让孩子一边写,一边读出每个笔画的名称,然后问学生这个字有几画。(加强对汉字的书写认识)

五、"石头"教学

1. 问题

老师:同学们,石头好不好?

学生有的说石头好,有的说石头不好。

根据情况,把学生分为两组:

第一组:认为石头好。

第二组：认为石头不好。

小组讨论：时间5分钟，讨论为什么他们觉得石头好，或者为什么觉得石头不好。

（目的：启发学生思考问题，培养学生的思考能力；将学生分成两组，增强学生的小组意识和竞争意识）

2. 每个小组的同学轮流发言，因为学生语言水平和认知水平都比较低，所以可以用简笔画画出学生们说的内容帮助他们理解，将抽象的汉字与图结合起来。

根据学生所说的石头的好和不好，用表格总结如下：

好（第一组）	不好（第二组）
石头可以建房子	石头可以打人
石头可以搭椅子	石头可以打车
石头可以做画	石头可以打鸟
石头可以建桥	石头可以打狗
石头里有金子	石头会绊倒人
石头可以生火	

教师检查学生所说的，补充他们没有想到的，将本课内容进一步完善。

教师和学生一起复习学生所说的石头的好和不好。对于说得比较好的学生给予鼓励。（鼓励思考）

六、引导学生，和学生一起编儿歌

　　石头石头你不好，

　　你打人，你打车，你打鸟。

石头石头你不好。

石头石头你真好,
你做桥,你做椅子,你做房子。
石头石头你真好。

编动作,展示

将孩子分为两组,为儿歌编动作。一部分学生负责编前半部分,另一部分学生负责编后半部分。给学生8分钟,每个小组进行排练,然后整个小组在全班展示。最后学生要学习另一组的动作,全班同学一起展示他们自己创作的儿歌。

七、总结本课内容

八、完成课堂作业

姓名:_____　　　　年级:_____

作业练习纸

石头可以做什么?写石头的用途,然后画图(draw a picture)。

【教学心得】

在这两节课上,孩子们很投入,课堂气氛很好。孩子们自己创作儿歌,自己忙着给儿歌编动作,在边玩边学的过程中,就掌握了很多内容。

在课堂上,孩子们的学习能力不同,为了满足不同学生的需求,我们应该试着扩充一下学习内容的深度和广度,充分调动起学生的学习积极性。本次课根据石头的"石"这个字,我们采用了 brainstorming,鼓励孩子在整个教学过程中多多思考,善于总结,掌握他们自己编的儿歌。美国的课堂很注重孩子思维能力的培养,在老师的步步引导下,孩子们逐渐掌握了学习内容。引导学生进行发散思维是一个很好用的教学方法。

(本案编写者:胡瑞杰　樊燕)

《美丽的颜色》教案

【教学对象】 美国波特兰孔子课堂比弗顿国际学校(International school of Beaverton)六年级的学生,共28人,其中大部分是美国人,有一名韩国人,两位被收养的中国孩子,还有两位孩子家里有汉语听说环境。学生均为零起点,截至本课为止,他们学习汉语仅一个月,共计15个小时。他们学习了拼音、问候语、数字、时间、称呼、动物名称等。学生的特点是喜欢游戏互动。汉语在比弗顿国际学校为选修课,选修汉语的学生对中国文化都很有兴趣,他们学习这门新语言的态度都很积极。

【教学材料】 无教材,老师自己准备教学材料。

【教学内容】 生词:颜色、白色、红色、绿色、蓝色、黑色、粉色、紫色、黄色。

功能与句型:"喜欢/不喜欢……"。

【教学辅助】 图片、生词卡片、彩色的卡片;教师自己动手制作的白色的兔子、黄色的香蕉等实物。

【课时时长】 2课时,共180分钟。

【教学重点】 句型句式"你喜欢什么颜色?"、"我喜欢/不喜欢……"及运用。

【教学目标】 1. 学生可以熟练地说出所学到的颜色。

2. 可以介绍自己以及家人喜欢和不喜欢的颜色。

3. 自编颜色的韵律歌,进行表演。

【教学过程】

第一课时

一、复习数字

利用白板,老师用英文说数字,学生用汉字写下相应的数字,写好后举起白板给老师看。

二、导入新课

用英文问学生喜欢什么颜色,不喜欢什么颜色(问五位学生)。告诉学生这是我们今天学习的内容:颜色。

三、教学过程

发给学生一张中英文对照的印有常用颜色名称的卡片,让学生出示卡片,教师示范读音并让学生跟读以纠正其读音,然后在黑板上板书拼音,请学生也写下拼音。这一环节要根据学生掌握发音的情况进行很多遍,直到所有的学生都可以根据图片说出相应的汉语。(颜色:白色、红色、绿色、蓝色、黑色、粉色、紫色、黄色)

四、"我说你指"游戏学汉语

教师用中文说出各种颜色的名称,学生在自己的卡纸上用手指指认。每说完一个颜色,学生指认后,教师就公布答案,每轮都做对的同学举手确认,全班同学鼓掌以示鼓励。这一环节对提高学生的听力很有帮助。

五、分组操练

两人一组,一个说,一个指。

六、检验效果

老师出示卡片,学生集体回答。

七、练习"喜欢和不喜欢(like and don't like)"句式

操练几遍,会读即可。

八、边唱边学

用"如果感到幸福你就拍拍手"的节奏,唱:

我的妈妈喜欢红色

我的姐姐喜欢绿色

我喜欢白色和蓝色

九、朗读与抄写

我的妈妈喜欢红色

我的姐姐喜欢绿色

我喜欢白色和蓝色

十、填表格

态度\人物	我	爸爸	妈妈	
喜欢				
不喜欢				

【作业】

根据家人喜好的颜色,编写自己的颜色歌。

第二课时

一、复习颜色

1. 老师出示卡片,领读一次,然后老师再出示卡片,学生认读。

2. 学生拿出卡片,和老师一起唱一遍颜色的歌。

二、游戏互动复习

球类游戏:一个学生到教室门口等,另一个把球藏在教室的任何一个地方。藏好后,学生进来找,大家一起重复说红色,如果他的位置接近,大家就大声说;如果他寻找的位置不对,大家就说得低一些,给他暗示。等他找到后,他要说:我喜欢红色。我不喜欢红色。这样重复操练各种颜色。

橙子(黄)　　　　　猕猴桃(绿)

草莓(红)　　　　　葡萄(紫)

蓝莓(蓝)

三、小组表演练习

三人一组编制颜色歌,可以根据自己的爸爸、妈妈、兄弟、姐妹喜欢和不喜欢的颜色编写歌曲,并请随便唱出来。(make colour song, you can choose to describe your father, mother, sisters and brothers what colours they like and do not like. Please sing in anyway.)

四、小组呈现

备注:学生做得非常好,有说唱(hip pop),有儿歌,结合各种表演,很精彩。

(本案编写者:王晓林　樊燕)

《我的家》教案

【教学对象】 美国波特兰孔子课堂浩津中学(Hosford Middle School)八年级的学生,共8人,其中4名美国人,2名会说粤语的华裔,1名中日混血儿,1名越南人。学生的共同特点是喜欢学汉语,认同中国文化,满足于挑战汉语带来的成就感,词汇量大,听力较好,只是成句能力弱。

【教学材料】 《欢迎》(第一册第二单元)

【教学内容】 1. 生词:岁、公司、经理、运动、喜欢、护士、听、音乐、忙、吧、对、多大、啦、电脑、工程师、做、第、中学。

2. 功能与句型:询问职业;喜欢/不喜欢。

3. 课文《爸爸妈妈》

【教学辅助】 图片、生词卡片。

【课时时长】 4课时,每课时44分钟。

【教学重点】 年龄;"是"字句。

【教学目标】 1. 掌握表述自己的年龄、工作,询问他人年龄、工作的方法。

2. 学会用"是"字句进行交际。

3. 本课结束时,在班级开展一次家庭相册的展示活动。

【教学过程】

第一次课(2课时)

一、复习并导入新课

提问复习上次课的内容,同时导入本次课的教学内容。

老师: 你家有几个人?

学生甲:我家有4个人。

老师: 敏力家有4个人。你家有几个人?

学生乙:我家有6个人。

老师: 我今年25岁。你多大了?

学生丙:我今年14岁。

二、提问并板书

通过一段时间的相处,教师对学生已经有了一定的了解。估计对于新的语言知识点,有的学生听得懂并且可以回答,有的学生听得懂却不能回答,教师可以让知道的学生回答,并把学生回答的内容板书在黑板上。

【板书】我25岁。

你多大了?

我_____岁。

三、词语教学

以领读、认读、个别读等方式用生词卡帮助学生识记生词。

suì	gōng sī	jīng lǐ	yùn dòng	xǐ huan	hù shi
岁	公司	经理	运动	喜欢	护士
tīng	yīn yuè	máng	ba	duì	duō dà
听	音乐	忙	吧	对	多大
lā	diàn nǎo	gōng chéng shī	zuò	dì	zhōng xué
啦	电脑	工程师	做	第	中学

四、分组练习

两个人一组,进行对话练习。两分钟后交换角色继续练习。

五、考查文中知识点

教师板书下面三个问题,要求学生在课文中寻找答案。

1. "我"爸爸多大了?
2. "我"爸爸做什么工作?
3. "我"妈妈多大了?

六、提问接力赛

问题涉及年龄、工作、爱好三个方面,每一方面的问题由两部分组成,一部分是根据课文内容回答,一部分是结合自己实际情况回答。先由教师提问,一位学生口头回答。第一个回答完问题的学生,向第二位同学提同样的问题。以此类推。

【年龄】

(1) 教师:"我"爸爸多大了?

学生:"我"爸爸40岁了。

(2) 教师:你爸爸多大了?

学生:我爸爸45岁/40岁。

【工作】

(1) 教师:"我"爸爸做什么工作?

学生:"我"爸爸是经理。

(2) 教师:你爸爸做什么工作?

学生:我爸爸是老师/医生。

【爱好】

(1) 教师:"我"妈妈喜欢做什么?

学生:"我"妈妈喜欢听音乐。
(2) 教师:你妈妈喜欢做什么?
学生:我妈妈喜欢看书。

七、边唱边学
将课文内容改编成歌曲,师生一起一边打拍子一边唱。

你爸爸的工作是什么,是什么?
我爸爸的工作是医生,是医生。
你妈妈的工作是什么,是什么?
我妈妈的工作是护士,是护士。
你姐姐的工作是什么,是什么?
我姐姐的工作是老师,是老师。

八、课堂操练
请每位同学轮流到教室前面口头介绍自己的爸爸和妈妈,其余七位同学用英文做记录,教师在学生的口头展示后向聆听的同学发问。

【出门密码】
教师将本节课所学到的生词在下课之前和学生一起复习,不熟悉的词语要增加复习的次数。教师任意抽取卡片,看到卡片能马上回答出来的学生先出教室。这个方法在美国比较有用,学生很感兴趣,所以复习的时候很认真。

第二次课(2课时)

一、复习生词
用闪卡复习生词。对于不熟悉的生词加大复习力度。复习重点练习过的句子。

你爸爸多大了?
你妈妈喜欢什么?
你爸爸在哪儿工作?
你妈妈做什么工作?

二、课堂问答
教师出示准备好的卡片(卡片上是不同年龄阶段人的头像)。

教师先拿出一张画有老人头像的卡片,问这是谁。学生回答:爷爷。(预设)教师:如何问"how old are you ?"学生回答:"你多大了?"(预设)接着教师再抽出一张画有小孩头像的卡片,学生按照前面的方式问答。

三、知识链接
用英文告诉学生,中国人长幼有别,询问老人的年龄和询问孩子的年龄的方式是不一样的。

【小 孩】 你几岁?(年龄<10)

【老 人】 您多大年纪?

您高寿(gāo shòu)?

【同龄人】 你多大了?

四、判断对错练习

(1) 你爸爸几岁? （ ）

(2) 你姐姐多大? （ ）

(3) 我在浩津中学哪儿工作。（ ）

(4) 我爸爸的工作医生。（ ）

(5) 我妈妈是60岁。（ ）

五、汉语采访

将下面这张卡片发给学生,要求学生先填写自己的信息。然后教师布置采访任务,要求每位同学都要用汉语采访两个人。采访完成后,每个同学要向大家汇报他们采访的情况。

信息 \ 对象	你	受访者甲	受访者乙
年龄			
工作			
爱好			

六、制作相册

每位学生制作一本家庭相册,在相册上写明家人的年龄、工作和爱好。

上海(外滩)

北京(胡同)

【课文】

wǒ bà ba sì shí suì
我爸爸四十岁。

tā zài yī gè gōng sī gōng zuò
他在一个公司工作。

tā shì jīng lǐ
他是经理。

tā xǐ huan yùn dòng
他喜欢运动。

wǒ mā ma sì shí wǔ suì
我妈妈四十五岁。

tā shì hù shi
她是护士。

tā xǐ huan tīng yīn yuè
她喜欢听音乐。

tā men dōu hěn máng
他们都很忙。

mǎ lì yà   zhè shì nǐ bà ba ba
玛利亚：这是你爸爸吧？

xiǎo   lì   duì
小 丽：对。

mǎ lì yà   nǐ bà ba duō dà la
玛利亚：你爸爸多大啦？

xiǎo   lì   tā sì shí liù suì
小 丽：他四十六岁。

mǎ lì yà   tā zài nǎ ér gōng zuò
玛利亚：他在哪儿工作？

xiǎo   lì   tā zài Běi jīng de yī gè diàn nǎo gōng sī gōng zuò
小 丽：他在北京的一个电脑公司工作。

             tā shì gōng chéng shī
             他是工程师。

mǎ lì yà   nǐ mā ma zuò shén me gōng zuò
玛利亚：你妈妈做什么工作？

xiǎo   lì   tā shì Shàng hǎi dì yī zhōng xué de lǎo shī
小 丽：她是上海第一中学的老师。

(本案编写者：胡瑞杰 樊燕)

《汉语拼音》教案

【教学对象】 零起点的美国初中生,25～30人。学习者是位于美国西北部俄勒冈州的一所公立学校的七年级学生,他们基本为非华裔,极少量亚裔。由于该校学生家长多在跨国企业工作,俄勒冈州又地处太平洋沿岸,同中国隔洋相望,学生对中国文化有一些了解,学习动机较强。

【教学内容】 汉语拼音及构成;汉语拼音与汉字的关系;单韵母ɑ、声母b、m;b、m和ɑ的拼合以及加上声调后可代表的常用词的意义。

【教学目标】 1. 了解拼音的特点、构成及拼音和汉字的关系。
 2. b、m与ɑ的熟练拼读。

【教学时长】 45分钟。

【教学对象】 零起点美国初中学生。

【教学辅助】 PPT和彩笔板书。

【教学方法】 问答法。

【教学步骤】

一、介绍拼音(15分钟)

教师:你对汉语有哪些了解?(What do you know about Chinese?)

学生:自由回答,老师加以补充。可能提到"你好""谢谢""再见"等口语。

【美国教学特色】注重发问,给学生表现已知知识的机会,得以让老师较快地了解学生已有的知识结构。

教师:汉语拼音由三个部分组成(Pinyin has three indispensable parts):声母(initials)、韵母(finals)和声调(tones)。

(边说边举例)(PPT设计应为:箭头指向bɑ的"b",跳出声母"b",箭头指向"ɑ",显示韵母"ɑ")

【问题】汉语拼音没有声母可以吗?没有韵母可以吗?

(参考答案:可以没有声母,但不可以没有韵母)

(提问汉字和拼音的关系)

教师:一个有特定声调的拼音发音只对应一个汉字或者含义吗?(Does one sound with certain tone have only one corresponding character or meaning?)

教师:是不是bā只能表示eight? bà只能表示dad?

*可以几个学生看一本字典,给3分钟时间让学生找出。

(如果要使学生避免出现对汉语的畏难情绪,可以简单提一下,现代汉语的词汇双音节化解决了同音字的使用)

教师:(要求学生观察作答)声调标在哪里?(Where usually is tone mark placed?)

总结:声调常标在元音上方。(Tone mark is always placed above a vowel.)

教师:既然同学们知道了声调,那同学们知道相同音节标上不同的声调就会产生不同的意思么?(Since you heard of tones, do you know if tones make a difference on meaning?)

(教师带学生看拼音总表)

设问1:你知道现代汉语有多少种发音(拼合)吗?

(答案:430种左右)

设问2:常用的汉字有多少个?

(答案:目前汉字的总数已经超过了8万,而常用的只有3500字。虽然常用字的数量没有多少变化,而字库总量却变大了)

So, The use of tone is an important way to tell the differences in meaning of the same sound. There are 4 tones in Chinese.

(学生可能提问:是否会有同音字?)

视时间而决定是否各举一例独体字、形声字和合体字以说明汉字的理据性,理据性可以让美国人降低对汉字的畏难情绪。

二、具体拼音教学(20分钟)

教师:拼音要提到声调,然后带学生练习四声,可以此时转入具体拼音教学。

【操练】从 ā 入手,练习 ā、á、ǎ、à

1. 和 b 拼读。

bā—eight(配手势) 对比 bà—dad(展示"八"的手势图片和爸爸的图片)

2. 和 m 拼读。

mā—mom(配图和声调,下同)(手势表示声调)

má—flax

mǎ—马

mà—骂

让学生听,听出差别,再跟读。

三、操练(5分钟)

PPT或者纸质图片一起显示两遍,学生齐练发音。

【正音】发现有异常的,叫个别读一下,老师正音,然后一起跟读。

四、总结和布置作业(5分钟)

1. 重复关于拼音的几个问题,让学生回答。了解学生的掌握情况,复习学生未掌握的知识点。

2. 明确作业要求。比如除了内容的要求外,还要写上名字、作业布置的日期和交作业的日期。

【作业设计】按要求填写表格(Fill in the chart by labeling the three indispensable parts of pin and frequently used meaning.):

pīn yīn 拼音	Shēng mǔ 声 母 (initials)	yùn mǔ 韵 母 (finals)	Shēng diào 声 调 (tone)	意思 (meaning)
bà				
mā				
mǎ				
bā				

【后续活动设计】学生各写四个拼音,接着两个人一组,轮流将所写拼音读出来,再让对方听写下来,然后互换对答案。

【英文讲述参考资料】

Modern Chinese has 430 sounds, far less than the number of characters. Therefore many characters share the same sound. The use of tone is an important way to tell the differences in meaning of the same sound. There are 4 tones in the Chinese. (书名:《你好》;编者:Shumang-Fredlelin;出版社:Chinasoft Australia)

四个声调的描述:

High level pitch

Rising in pitch

Low dipping pitch

Abrupt falling in pitch

In addition to the four tones there is a neutral tone that does not carry any tone mark. Sometimes the second character of a two-character word uses a neutral tone. Some words that have only grammatical function also use a neutral tone.

【参考书籍】

1.《你好》(Shumang-Fredlelin 编,Chinasoft Australia 出版)。

2.《体验汉语》学生用书(初中,第1册,国际语言研究与发展中心,高等教育出版社,2008年6月版)。

(本案编写者:金湉 樊燕)

《意外事故》教案

【教学对象】 美国波特兰孔子课堂比弗顿国际学校(International school of Beaverton)掌握大约800个词语的国际学校高中学生,共17人,均为美国本土学生,十一年级。学生的水平不齐,汉语学习的时间近三年。

【教学材料】 《轻松学中文》第四册第五单元第十五课(马亚敏、李欣颖编著,北京语言大学出版社出版,2009年8月版)。

【教学内容】 1. 生词:网球、橄榄球、曲棍球、训练、队友、撞、倒、站、起来、不得了、教练、急诊(室)、X光片、骨折、开药。

2. 语法:(1)"就"的用法:休息几天就会好的。

(2)"被"字句。

(3)不得了:疼得不得了;不得了了,他被撞倒了。

3. 课文:意外事故

【教学辅助】 图片、生词卡片。

【课时时长】 3课时,共270分钟。

【教学重点】 1. 掌握"急诊室"、"骨折"、"检查"、"挂号"等与看病有关的词,并能熟练地用这些词语进行对话练习。

2. "被"字句。

【教学目标】 1. 通过词汇的学习,能够准确掌握生词的意义和用法,掌握词语的搭配与扩展,正确率达到90%以上。

2. 掌握"被"字句、"就"的用法;"不得了"、"来不及了"的用法。

【教学安排】 1. 按"生词—课文—语法—练习"的顺序,循序渐进,设置话题,使学生完成对新知识的建构。

2. 在练习阶段通过小组表演活动,充分调动学生的积极性。

3. 讲练结合,精讲多练,听说领先。

4. 贯穿文化的教学。

【教学过程】

第一课时

一、复习"生病看医生的经历"

10分钟热身提问:

你常常生病吗?

吃药吗?

你生病了看医生吗?

请病假吗?

在美国怎么看医生呢?

如果运动时,有人受伤了,我们怎么做?

(因为学生汉语水平高低不齐,这部分内容允许学生在用中文回答困难的条件下适量地使用一点儿英文。)

二、导入新课

课本第142页球类名称(卡片跟读):

棒球、曲棍球、橄榄球、排球、羽毛球、高尔夫球、乒乓球、网球、篮球、足球

老师领读,学生跟读;老师说,学生指认、学生识读;老师指,学生认读。然后开火车读。

三、教学过程

1. 处理词语、课文。听读两次、翻译。

词语:网球、曲棍球、训练、橄榄球、队友、撞倒、站起来、不得了、教练、急诊、X光片、骨折、开药

课文:TEXT 1

我每个星期六上午都有曲棍球训练,下午有橄榄球训练。上个星期六下午打橄榄球时,我被一个队友撞倒后,就站不起来了。我觉得腿疼得不得了。教练马上把我送进了附近医院的急诊室。医生帮我拍了X光片。医生告诉我,腿没有骨折,休息几天就会好的。

然后第一遍熟悉课文。老师说中文,学生说英文。

生词搭配与扩展练习:

篮球训练	撞倒了;他边走边打电话,撞了我一下。
杯子倒了	站起来
站着	站在门口
(热)得不得了(liǎo):形容词(adj.)+不得了 = very + 形容词(adj.)	急得不得了;忙得不得了

2. 再听一遍课文,教师提问,学生回答问题(课本第142页 PART B):

他什么时候有曲棍球训练?

他上个星期六下午干什么了?

在打橄榄球时他被谁撞倒了?

他被谁送去急诊室了?

医生马上为他做了什么?

他的腿骨折了吗?

3. 复习身体部位的名称(课本第 143 页 EXTRA WORDS):

背、胸、眉毛、舌头、手臂、膝盖、屁股、肩膀、手指头、脚趾

第 二 课 时

一、复习上一节课内容

通过图片复习球类运动的名称,复习词语和第一课时所学的身体部位的名称。

二、完成对话

课本第 144 页有六幅图,要求学生两人一组,用"骨折"、"眼睛看不清"、"咳嗽"、"发烧"、"肚子疼"查字典完成对话。

A. 病人:医生,我的腿骨折了吗?

医生:

B. 病人:医生,我眼睛看不清楚。

医生:

C. 病人:我咳嗽,流鼻涕,嗓子疼。

医生:

D. 病人:医生,我可能有点发烧。

医生:

E. 病人:我从上星期开始咳嗽。

医生:

F. 病人:医生,我肚子疼得不得了。

医生:

> 参考答案(Answers for Reference):
> 1. 我帮你验一下视力。
> 2. 没有,只是受伤。
> 3. 我给你量一下体温。
> 4. 我给你开一些感冒药。
> 5. 你先去拍 X 光片。
> 6. 你需要开刀,我明天就给你动手术。

三、表演活动

对照课本第 145 页 PART 4,参照图片描述症状。

7 张图片,有不同的症状,每位同学抽一个,然后,轮流上台表演,其他同学仔细观看表演,然后尝试描述表演的同学是什么症状,并建议其应该去医院哪个科室。

四、语法部分

"被"字句:A 被(B)……

例：苹果被(我)吃了。

她被撞倒了。

她被送去医院了。

钱包被偷了。

护照被我弄丢了。

五、小组对话回答问题(第145页PART 3)

六、课后作业

目标：结合PART 2和PART 4，请学生自己编写对话排练，下一节课表演。

要求：发生的经过，以及看医生的经过，医生建议。

例：1. 不得了啦，我被撞倒了。

2. 我肚子疼得不得了。

要学生造句子，描述紧急事故发生的经过。

第三课时

一、复习

A. 我今天困得不得了，想睡觉。

B. 不得了啦，我护照丢了。

二、对话

PART 6，对话中要使用"不得了"或"不得了啦"。

三、常识扩展

一张医院的平面图，让学生熟悉中国医院各科室名称。

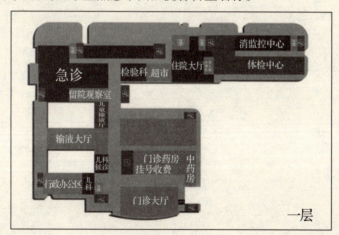

四、分组练习

根据所学，学生分组练习，每两人一组，编写对话并扮演角色(一个人是医生，一个人是病人)，然后互换角色。

(本案编写者：王晓林 樊燕)

海内外教学实录篇

韩国大真大学汉语教学

《我想自己开个律师事务所》教案

【教学对象】 韩国大真大学的双学位学生,共25人。韩国大真大学在苏州大学设有海外分校,学校规定,分校的韩国学生在苏州期间,可以自愿兼修一个中文本科的学位。学生的第一专业大都是比较热门的金融、法律、管理,选择中文为第二专业大多不是其兴趣所致,因此多数学生学习热情较低,学习态度不太好。教师布置的预习及课后作业多数情况下不能如期完成。学生的年龄和语言水平差异较小,热衷于语言知识的学习,对语言交际能力的训练内容兴趣不大。

【教学目标】 1. 词汇:学会并能熟练运用"靠"、"关于"、"受"、"之内"。
2. 句式句型:连动兼语句;即使……也……;不管(论)……都(也)……
3. 功能项目:"表示同意"、"补充说明"、"顿悟"。
4. 语篇构造:按事情发展的顺序叙述简单的故事。

【教学材料】 刘珣主编《新实用汉语课本》第4册第41课,北京语言大学出版社,2004年8月版。

【课时时长】 8课时,每课时40分钟。

【教学过程】

一、新课导入

(询问学生读双学位的具体情况——韩国大学生找工作比较困难)

——毕业以后,你(打算)想干什么?(职业:老师、老板、律师、公务员、主持人、演员)——今天有两位中国的大学生也要和大家讨论这个问题。

二、熟悉生词并正音

按照认读—领读—朗读—轮读—抽读的流程进行。本次学习课文(一)的21个生词。

三、重点精讲生词

(结合第53页的短语进行造句练习)

1. 靠(动词)

义项1【依靠】

你吃饭、学习和买衣服的钱是谁给的?父母。——我现在(靠)父母。

我们应该靠自己,不应该总靠父母。

在家靠父母,出门靠朋友。

植物生长靠太阳。

义项2【接近】

我家靠着苏州大学。

我们的教室靠着楼梯。

我们的宿舍靠着马路,晚上很吵。

【用在连动句中】

我们要靠自己的双手生活。

律师靠帮别人打官司赚钱。

晚上靠电灯照明。

人靠吃饭活着。

画家靠画画挣钱。

那个人靠走后门上了大学。

2. 关于(介词)

意义【表示与动作有关的事物、情况】

用法【关于+宾语,多放在句首作状语】

﹛大家谈谈自己的看法。

今天谈的话题是男女平等的问题,大家谈谈自己的看法。

(　　)男女平等的问题,大家谈谈自己的看法。

关于学费的问题,我帮大家再去了解了解。

关于你和马大为结婚的事,我觉得你应该和父母商量一下。

关于这本书,我来具体介绍一下。

关于汉语水平考试(HSK)的具体时间,下个星期我告诉大家。

词义辨析【"关于"和"对于"】

"关于"强调动作行为涉及的事物和情况,只可放在主语前。

"对于"强调动作的对象,置于主语的前后都可。

对于你的邀请,我非常感谢。(○)

关于你的邀请,我非常感谢。(×)

四、课文内容分析

【教师提问】今天中国大学生王小云和宋华要和我们讨论一下毕业以后的打算。

宋华毕业以后打算干什么?

王小云呢?

律师这个职业怎么样?宋华的爸爸妈妈怎么看?

【朗读课文】

教师饰王小云;全体同学饰宋华(两次)。

男生饰宋华;女生饰王小云。(两次)

女生饰宋华;男生饰王小云。(两次)【课文改写】对话体改叙述体

宋华打算毕业以后自己开个律师事务所,他觉得这个职业很有前途,他也很喜欢。但是他的爸爸妈妈不同意,他们觉得宋华应该找一个稳定的工作。关于就业这个问题,两代人的想法不一样。

【课堂讨论】

关于就业这个问题,大家怎么看?是稳定的工作好呢,还是从事自己喜欢的工作好?

五、重点句型分析

1. 王小云:不管老人怎么看,你都应该努力实现自己的理想。

【条件复句】不管(论)……都(也)……

【意义】在任何情况下结果和结论都不变。

老人同意,你要努力实现自己的理想。

老人不同意,你也要努力实现自己的理想。

不管老人同意不同意,你都要努力实现自己的理想。

不管老人怎么看,你都要努力实现自己的理想。

【用法】"不管"后必须是表示选择的句子,或是含有"怎么、怎样、什么、谁、哪、多么"等疑问词的句子。

例:不管明天下不下雨,你们都必须来上课。

不管学习汉语多么难,我都要努力把它学好。

不管怎么样,我也要和你结婚。

2. 我们的父母毕业以后,能不能自己想做什么工作就做什么工作?怎么办?

(他们得服从国家分配)

【意义剖析】我们的父母没有想法,必须服从国家分配。即使自己有些想法(如:认为国家分配工作有很多问题),也得服从国家分配。(退一步)

【让步复句】即使……也……

【意义、用法】前半句提出一种让步假设的情况,后半句指出不受影响的结果。

例:即使你没有房子,我也会嫁给你。

即使你通过了HSK八级,也应该好好学习。

即使生病,你也要来上课。

即使你爸爸是韩国总统,你也不应该这么骄傲。

即使你有一百万,我也不会和你结婚。

3. 我妈妈也让我到国有公司找个工作。

【连动句】来(去)+动词:我去银行存钱。

【兼语句】请/叫/让+兼语(OS)+动词:妈妈让我存钱。

【连动兼语句】连动句+兼语句:妈妈让我去银行存钱。

【连动句】动词1+着+宾语+动词2：我们骑着自行车抽烟。

【兼语句】有+兼语(OS)+动词：有人在教室外面抽烟。

【连动兼语句】连动句+兼语句：有人在教室外面骑着自行车抽烟。

【练习】请学生找出课文中出现的其他连动兼语句并进行分析。

六、生词熟读与正音

课文(二)的21个生词熟读正音。先给学生十分钟的时间进行操练，教师以新的顺序把关键的词语写在黑板上，请学生合上课本认读并注音。

1. 之内

【结构】(时间、范围、数量)+之内

三天之内，大家都必须把作业交给我。

在沙漠里，方圆五百公里之内很难看到人。

我的钱不多了，一千元之内的飞机票我才买得起。

这个地方很热闹，100米之内就有八家饭店。

【小注】结合课后第53页进行练习

2. 受

【意义】接受；遭受(不好的情况)

A. 受教育、受表扬、受尊敬

B. 受苦、受累、受批评、受处分

七、分析课文

读课文(二)，每人读一句，读完之后，就已经讲授过的语法点针对学生提问进行巩固。划分段落，让学生以段为单位进行朗读。

八、课后练习

【交际练习】

表示同意：去苏州乐园　请你吃饭

补充说明：苏州的天气　旅行要注意的事项(钱包、相机)

【歌曲欣赏】《达坂城的姑娘》MTV

(本案编写者：樊燕)

尼日利亚拉格斯大学汉语教学

海内外教学实录篇

《我们的学习生活》教案

【教学对象】 零起点的四名尼日利亚来苏留学生。已掌握汉语拼音,词汇量大概为400个。尼日利亚拉各斯大学是苏州大学对口支援的友好学校,近年来,来苏州大学留学的尼日利亚人越来越多,苏州大学也已派出两名中国教师赴尼日利亚进行汉语教学。英语是尼日利亚的官方语言,四名学生都在苏州大学外国语学院攻读研究生,他们性格外向,学习汉语的兴趣浓厚,喜欢发问,与教师的互动比较多。

【教学材料】 《基础汉语40课》。

【教学目的】
1. 通过教学,学生应掌握包括课文、对话及练习中出现的46个生词等内容,能熟练地使用这些生词。
2. 掌握语法要点:介词结构,"时点"和"时段",时量补语,离合词的用法。
3. 能就"时点"及"时段"、时量补语编写出简短的对话并用于实践。

【教学重点】
1. 生词,特别注意对"旧"与"新"、"长"与"短"、"常常"与"有时候"、"以前"与"以后"的讲解。
2. 时量补语的用法。

【教学难点】 时量补语的用法。

【教学辅助】 PPT、游戏、小组活动。

【教学时数】 6个课时,每课时40分钟。

【教学安排】 在本课的教学中,课文并不是重点讲解的内容,只将其作为讲解生词及语法的辅助材料加以运用。课后也不布置作业,而是在教学中根据教学的需要当堂练习。

1. 课文生词1—31,需讲拼音、写法及用法。
2. 语法:"时点"和"时段"。
3. 语法:时量补语,离合词。
4. 对话。
5. 小组活动:以在苏州的生活为内容分组准备,要求用到所有的语法点及部分生词,最后在课堂上表演。

【教学过程】

第一次课（2课时）

1. 跟同学开个玩笑，通过"请问几点了？——我没带表"提问导入课程，顺便复习一下上一节课关于几点钟的知识，别忘了赞扬一下同学们学习的能力强，让同学们对以下要学的内容充满信心。

2. 为了防止一部分学生没预习，在课堂上给同学们2分钟时间预习一下生词1—15，然后按词性将生词分成5组，所有生词附有拼音。

第一组	班	同学	教室	教
第二组	小时	以前	以后	
第三组	有时候	常常		
第四组	休息	预习	录音	辅导
第五组	旧	新		

3. 利用PPT，先由教师带同学拼读两遍生词，并夸张地用手势表达声调。然后老师讲解每一个生词的意思，并举例，除了课文中的句子外，再多举两个例句。所有例句见PPT。

4. 注意："教室"中的"教"是多音字，读第四声。"教"还可以读第一声，举例："我教儿子学中文。"可作为兴趣点讲一下"教会"，同样的汉字，若发音不同则意思完全不同。例句："我九点去教会。"这里"教会"的"教"发第四声，是指church。"我教会他开车"中"教会"发第一声，这时它表示把知识或技能传授给别人且结果是会。因为是兴趣点，只介绍，不延伸。

教	jiào	教室	教会	教师
	jiāo	教中文	教会你开车	

5. 老师讲完生词后，把学生分成5组，每3人一组。然后分配每人写5张汉字卡片及对应的5张拼音卡片。再交换手中的汉字卡片。接下来，就是游戏时间。

游戏：卡片游戏。两套卡片，包括了今天学的15个生词，一套是汉字，一套是对应的拼音。3个同学一组，每组分到两套卡片，然后每人手上都拿到了两套各5张的卡片。游戏开始时，先由一个同学拿出拼音卡片，另外两位同学在自己的汉字卡片中找出对应的汉字，并用汉字造句，然后又由首先找对汉字的同学拿出拼音卡片考问另外两个同学……就这样依次完成游戏。被使用过的卡片放在桌子上。如果还有时间，可让同学交换手中的卡片再继续游戏……

第二次课（2课时）

1. 每个生词搭配3张图片，教师让学生选择1张图片并猜一猜生词的意义，然后老师提出答案，领读，让学生跟读生词。

2. 老师以课文里面的句子为例子，解释每一个生词的用法，接着列举该词语在几个日常生活中可能出现的语境，让学生用生词来造句。着重练习词语搭配："锻炼身体"、

"多长时间"、"唱歌"、"玩游戏"等,"以后—以前"、"长—短",指出离合词和普通动词的简单区别(离合词不带宾语)。

3. 讲解全部生词以后,再让学生读3遍(打乱生词的顺序),老师纠正发音。

4. 在PPT上面分别出现每个生词(没有拼音)和其对应的图片,让学生读出生词。

5. 在PPT上面分别出现每张图片,让学生说出对应的生词。

6. 游戏:选择8个生词(玩儿、运动、锻炼、身体、散步、唱歌、跳舞、愉快),准备8张小卡片,每张卡片写着一个词语。把全部的同学分为两组:A组和B组,A组派一个学生上讲台抽一张卡片,此学生要用动作来描绘写在卡片上的词语,让自己小组的其他同学猜出这个词语并且用它造句。然后轮到B组。这样每次小组猜出词语就得5分,造出正确的句子就再得5分。

7. 布置作业:复习生词和课文。

第三次课(2课时)

1. 复习上一节课的内容(5分钟)。

2. 教师讲解时间名词的使用规则(20分钟)。

(1) 点、分、刻、分钟、半、差等。

(2) 询问时间?

几点、多长时间、多久、多少分钟、什么时候

(3) 汉语时间表达遵循从大到小的顺序。

  八点十分。√

  十分八点。×

  六点一刻。√

  一刻六点。×

3. 掌握时间词在句子中的位置。

  主语(S) + 时间 + 动词(V)

  我   晚上九点   睡觉。

  老师   早上六点   起床。

时间	+	主语(S)	+	动词(V)
早上		我		会去超市。
星期一 上午		我		有课。
今天晚上		他		要去机场。

4. 区分时间点和时间段的不同。

【时间点】 现在几点了?

　　　　　我早上六点起床,晚上十点睡觉。

【时间段】 你每天睡觉睡几个小时?

　　　　　你每天跑步跑几个小时?

5. 组织学生参加交际练习。

规则:每个学生分别去问同学和老师各 4 个问题,把问题和答案写下来,并在讲台上向大家汇报。

问题:① 你每天几点起床?

　　　② 你每天什么时候到教室?

　　　③ 你每天学习几个小时?

　　　④ 你每天睡多少个小时?

[本案编写者:语嫣(尼日利亚)　周纯(瑞典)　苏氏碧水(越南)　金恩美(韩国)　樊燕]

海内外教学实录篇

新西兰中学汉语教学

《你好》教案

【教学对象】 新西兰某中学七八年级学生,第一语言为英语,毛利语作为官方第二语言,学生有一定的第二语言学习习惯,而生长在多民族国家的新西兰学生对异域文化具有极强的好奇心,但基本无汉语知识基础,汉语课程在本阶段只作为一门选修课,无考试要求。

新西兰设定语言与文化两大方面的第二语言学习大纲,不仅要求学生学习第二语言后能够使用第二语言进行沟通,发展他们自我学习语言的能力,而且还要求学生用跨文化的视野去比较和体验不同的世界观。

【教学目的】 1. 能够正确、流利地学习中国人打招呼的短语:你好。
2. 要掌握的词汇:你好、中国、新西兰、贝贝、京京、欢欢、迎迎、妮妮。
3. 了解中国地理、奥运等常识,认识北京奥运福娃。

【教学材料】 自编讲义。

【课时时长】 1 课时,每课时 35 分钟。

【课前准备】 教师自我介绍、CAI 课件、北京奥运福娃道具等。

【教学过程】

一、教师个人展示

通过简单的自我介绍,让学生了解中国与新西兰在时间、空间上的差异。

1. 教师:你能在地图上找出自己的国家吗?怎样用汉语说自己的国家名称?
   (点名上台指出自己的国家,学习词语"新西兰")

2. 教师:那老师是从哪里飞来的呢?
   (点名上台指出教师的国家,学习词汇"中国")

3. 教师:从中国到新西兰,老师飞了多久才到的呢?
   学生:猜测。
   教师:老师从上海出发到奥克兰大约飞了 12 个小时。
   (从地图上指出上海的位置)

4. 教师:上海是中国最大的城市,那它是中国的首都吗?
   学生:不是,北京是中国的首都。

5. 教师:是呀,北京才是中国的首都。2008 年,世界奥林匹克运动会就在北京举行,你看过那届奥运会吗?

二、教学内容教授

（一）观影导入

1. 播放奥运福娃宣传片。

教师：让我们一起走进北京奥运会，边看边记下吉祥物的名称。

2. 观看过宣传片后，教师出示福娃道具，简单提问，回答正确的同学获得福娃奖励。

教师：他叫什么名字？

学生：贝贝、京京、欢欢、迎迎、妮妮。

（教师板书福娃名称）

（二）师生互动

（学习"你好"）

教师：认识了这么多新朋友，那么怎样和他们打招呼呢？跟老师读：你好。

（齐读后，开火车读，点名读）

教师：（手拿福娃道具，扮演福娃和学生进行简单的对话）

学生：你好，贝贝！

教师：你好。

（将道具赠予正确辨认出福娃的学生）

（三）生生活动

（练"你好"）

全体学生扮演得到的福娃道具，1、2报数后，报到数字2的学生站在里圈围圈，报到1的学生站在外圈围圈。音乐响起，里圈的学生顺时针走，外圈的学生逆时针走。音乐停止，里外圈学生互相说"你好，××"。

（四）拓展提升

1. 听老师拼读音节，了解"北京欢迎你"的汉语拼音。

教师拼读福娃名称，让学生听出拼音基本有几部分组成，了解特别的"声调"。

2. 修改声调，引出"北京欢迎你"。

教师：北京是哪里？

学生：中国的首都。

教师："北京欢迎你"的意思就是"Welcome to Beijing."

教师：根据这个句式，你能猜出用中文怎么说"Welcome to China"，"Welcome to New Zealand"？

（五）文化链接，语言体验

1. 观看2008年北京奥运会开幕式，了解中国四大发明。

2. 教家人说"你好"。

（本案编写者：沈丽娟　樊燕）

海内外教学实录篇

菲律宾幼儿园汉语教学

《女》教案

【教学对象】 菲律宾幼聪园幼儿园小班的小朋友,平均年龄四岁半,多为菲律宾华裔后代,家里有一定的汉语环境,父母或爷爷奶奶能够说比较流利的汉语(多为福建话,少数会说一点儿普通话),能认识繁体汉字。学生一般从3岁上幼儿园开始就在汉语学校学习,每天在学校会有1~2个小时的汉语学习时间,有一定的汉语基础,有比较强烈的汉语学习动机。但由于年龄比较小,学习内容主要为颜色、形状、数字、身体、动物、水果、家具等与幼儿身心发展密切相关的内容。因而,学习主要以游戏、手工、歌舞等能够调动幼儿学习积极性的方式进行。

【教学材料】 第十课《社会法人》(《生活华语》K2 台湾语言文化社,2007年版)

【教学内容】
1. 童谣:爸爸是男生,妈妈是女生;
哥哥是男生,姐姐是女生;
老师说我是小学生。
2. 汉字:"女"。
3. 对话:你是男生吗?是,我是男生/不,我是女生。

【教学辅助】 卡片、人物头像剪纸。

【教学目的】
1. 要求学生会认读男生、女生、小学生等新词。
2. 要求学生能够正确地唱读"爸爸是男生,妈妈是女生;哥哥是男生,姐姐是女生;老师说我是小学生"这首歌谣,并了解歌词的意思。
3. 要求学生能够掌握句子"××是男(女)生吗?(不)是,××是女(男)生"并能够运用其进行问答。
4. 能够正确书写和认读汉字"女"。

【教学重点】
1. "××是男(女)生吗?(不)是,××是女(男)生"问答。
2. "人称代词/名词+这儿/那儿"表示处所。
3. 汉字"女"的书写。

【教学时间】 共4课时,每课时45分钟。

【教学过程】

第一课时

一、进入上课状态

提醒学生安静,然后师生互相问候(4分钟)。

老师：上课！

学生：杨老师，早上好！

老师：小朋友，早上好！

二、词汇(20分钟)

复习：爸爸、妈妈、爷爷、奶奶、哥哥、姐姐、弟弟、妹妹、老师；

新词：男生、女生、学生。

老师问学生：Who can say Daddy (Mummy ／ Grandpa ／ Grandma ／ elder brother ／ elder sister ／ younger brother ／ younger sister ／ teacher) in Chinese?

老师请学生举手回答，并给抢答对的学生奖励。

老师带领学生读生词——男生、女生、学生，并解释其意思，然后点同学读，并给读对的学生奖励。

三、游戏(15分钟)

男生、女生、老师、学生。

【用英文解释游戏规则】当老师说"男生"的时候，教师里所有的男生站起来；当老师说"女生"的时候，教师里所有的女生站起来；当老师说"学生"的时候，教师里所有学生站起来；当老师说"老师"的时候，只有老师站着，所有学生都坐着。

四、布置作业(6分钟)

认真听并跟唱第十课的CD。

第 二 课 时

一、进入上课状态(4分钟)

提醒学生安静，然后师生互相问候。

老师：上课！

学生：杨老师，早上好！

老师：小朋友，早上好！

二、检查复习情况(10分钟)

检查昨天学习的生词——男生、女生、学生。

出示卡片，请学生认读；

提问并请学生回答：How many 男生/女生/学生/老师？

三、边唱边学(10分钟)

带领唱/读课文并解释其意思。

四、学做手工(21分钟)

手工——中国剪纸(男生/女生头像)。

第三课时

一、进入上课状态(4分钟)

提醒学生安静,然后师生互相问候。

老师:上课!

学生:杨老师,早上好!

老师:小朋友,早上好!

二、检查课文的唱读情况(15分钟)

大家一起唱读;

男生女生分组比赛;

请个别学生到前面来唱读。

三、认读和书写汉字"女"(20分钟)

老师拿出昨天手工课中女生的头像,问学生"这是什么?"学生回答"女生",老师给予肯定,并向学生解释"女"字是"girl"的意思;

带领学生读"女";

让学生用蜡笔涂画课本上的"女"字,提醒学生要按照要求涂画,第一笔红色,第二笔黄色;

向学生展示"女"字笔顺以及书写时应注意的问题;

让学生自己书写"女"字。

四、布置作业(6分钟)

1. 涂画练习册上第十课的生字"女";

2. 让学生在方格本上写5遍"女"字。

第四课时

一、进入上课状态(4分钟)

提醒学生安静然后师生互相问候。

老师:上课!

学生:杨老师,早上好!

老师:小朋友,早上好!

二、边唱边学(3分钟)

带领学生一起读唱课文。

三、检查书写情况(8分钟)

检查"女"字的书写情况并进行点评。

请学生到白板上来书写"女"字。

三、学习句子(20分钟)

掌握句子"××是男(女)生吗?(不)是,××是女(男)生"。

从提问一个女生"Are you 女生?"引出句子"你是女生吗?"并带领学生大声朗读该问

句并回答;

  从提问一个男生"你是女生吗?"引出"你是男生吗?"并带领学生大声朗读该问句并回答;

  让学生两两练习"你是男(女)生吗?(不)是,我是女(男)生",并点几组个别示范;

  老师提问"(学生的名字)是男/女生吗?"请学生回答。

四、完成习题(10分钟)

  带领学生处理练习册上的练习。

(本案编写者:杨莹莹　樊燕)

海内外教学实录篇

泰国孔敬大学汉语教学

《你怎么了》教案

【教学对象】 泰国孔敬大学人文学院中文专业一年级的学生。这些学生在初高中都不同程度地学习过汉语,有学过两三年的,也有学过七八年的,水平差异较大。其中一些华裔的学生水平相对较高。有的学生已经考过了HSK三级,有的学生还处于在入门阶段。掌握的词汇很有限。学生汉语听说能力较好,喜欢跟中国老师交流;汉字读写掌握得不太好,有时需要借助拼音、英语及泰语进行教学。不过大部分学生学习能力较强,提高得很快,并且由于是中文专业,学生学习汉语的积极性比较高,渴望了解中国和中国文化。

【课型特点】 本课为听说课,起着辅助综合课的功能,主要锻炼学生的听说能力。在听说课上,生词以及语法不能作为重点,要以课文操练为重点,否则就会变成综合课,失去了课程设置的意义。生词部分借助多媒体等设备与学生以对话的形式互动,增加学生开口的机会;语法部分借助图片让学生操练。课文部分是重点,要让学生以不同的形式多听,最后达到可以用自己的话表达课文大意。

【教学目的】
1. 掌握生词,发音准确。
2. 掌握语法,能够自由使用。
3. 掌握课文结构,能够用所学课文结构说明和描述自己或他人的情况。
4. 与他人进行与"感冒"症状相关的对话时,能够准确理解对方并正确应答。

【教学重点】 感冒症状相关的词语,"了"的语法的理解及正确运用。

【教学材料】 《成功之路(起步篇)》第二册,第二十一课。

【教学辅助】 多媒体课件,听力材料。

【教学时间】 2课时,每课时1小时。

【教学过程】

第一课时

课文(一)

一、导入文题

利用课件引出今天课文的题目"你怎么了"。

1. 观看各种病人生病时的图片。
2. 提问:如果他是你的朋友,你看到他这样,你会怎么问?

3. 根据学生的回答,引出英语的"What's wrong with you?"。

4. 汉语相应的表达形式为"你怎么了?"。

二、导入关键词

利用题目引出课文中关于感冒以及感冒症状的词语。

1. 提问:你们觉得他怎么了?

2. 根据学生的回答,引出"感冒"这个词。

3. 然后继续提问:感冒的时候会怎么样?同时用多媒体向学生展示那些描述症状的词语的图片,比如"咳嗽"等。

4. 学完重点词语后,带学生读生词,然后开始听第一遍课文,巩固对生词的印象。

三、学习课文(以听说为主)

1. 带领学生通读一遍课文后,开始逐句理解。

2. 理解之后,再读一遍课文,然后让学生两人一组,分角色朗读课文。

3. 不看书,再听一遍课文,找一位学生复述课文,大家帮他纠错。

4. 在课文中出现了语法点"了",表示出现新的情况,或者有变化。给出例子,让学生自己找规律,同时也给出引导。

比如:

我感冒了。/ 我20岁了。/ 我会说汉语了。

我今天感冒了,昨天呢?

我今年20岁了,去年呢?

我现在会说汉语了,以前呢?

5. 带领学生完成书上关于语法的练习,看书说话。先大家一起做两道题,然后找学生单独做。

课文(二)

以提问的方式引出课文(二)

1. 提问:如果你的朋友病了,在家里或者住进医院,你怎么办?

2. 根据学生的回答引出"看+人"。

3. 复习课文中"了"的用法。提问:去医院后怎么样了?如"不发烧了"、"不咳嗽了"等。

4. 带领学生读课文,然后让学生两人一组分角色朗读。

5. 最后听一遍课文,找学生复述。

第 二 课 时

1. 做课后听力练习,听两遍后选择答案。

2. 对完答案后,大家一起大致复述。

3. 然后分句听,找学生来精确复述。

4. 做课后口语练习:情景会话。(两人一组练习)

第一个情景在医院,一个是病人,一个是大夫。(用上给出的词语)

第二个情景,一个人生病,一个人去探望。(把短文补充完整)

5. 老师对每组练习进行检验,并算作平时成绩。

6. 全部完成口语练习后,再听一遍课文,大家一起进行复述。

【复习】

1. 复习生词和课文。

2. 看书上关于语法部分的解释。

3. 听课文,自己复述。

【作业】

自己读课文,并录音。

【预习】

下一课的生词和课文。

(本案编写者:李衡　樊燕)

海内外教学实录篇

富布校汉语教学

《这是第一次》教案

【教学对象】 掌握800个常用词的美国来华汉语进修生。学生来自美国南卡罗来纳州Furman大学,在苏州大学海外教育学院进行为期三个月的汉语研修。

【课型特点】 初级汉语口语课。

【教学材料】 《快乐学汉语》第二课。

【教学辅助】 生词卡、地图、PPT。

【教学内容】 1. 生词:12个。

2. 语法:……在哪儿;动词+过;V+得;吧。

3. 课文:《这是第一次》。

【教学目的】 1. 通过词语和语法的学习,学生能够准确掌握生词的意义和用法,并能够熟练运用语言点。

2. 通过学习,增强学生了解并热爱中国传统文化,能够在日常的真实语境中正确运用课文中的句型。

【教学重点】 词汇:介词"跟"、助词"吧"的词义和用法。

语法:掌握"……在哪儿"的用法,以及对该句的回答。

掌握"动词+过"的用法。

掌握"V+得"的用法。

【教学方法】 提问法、情景设置法、任务教学法、演绎法、归纳法。

【课时时长】 4课时,每课时50分钟。

【教学过程】

第一次课(2课时)

一、课前热身(2分钟)

二、复习(5分钟)

1. 集体认读生词(使用生词卡),再轮流认读和个别认读。

2. 提问复习:你叫什么名字?您贵姓?……

三、导入新课(3分钟)

提问导入:你们来苏州多长时间了?你以前来过苏州吗?这是你第几次来苏州?

四、生词朗读及释义(40分钟)

| 跟 | 吧 | 留学生 | 以前 | 过 | 第一次 |
| 高兴 | 长期 | 棒 | 想 | 完全 | 习惯 |

【讲解】（借助PPT）

跟：你跟我去。

他跟她回家。

我跟她一起去上海。

吧：请坐吧。

上车吧。

请跟我走吧。

留学生：苏大的留学生、中国的留学生、美国的留学生

美国的中国留学生多吗？

以前：很久以前、一年以前

我以前喜欢打篮球。

过：动词(V) + 过：吃过、用过、去过、玩过

第一次：这是我第一次吃中国菜。

这是我第一次来中国。

高兴：我今天很高兴。

我很高兴认识你。

我很高兴跟你去上海。

长期：长期留学生、长期学习

棒：真棒、很棒

想：想家、想爸爸、想你

完全：他的病完全好了。

我完全不知道他不去苏州。

习惯：坏习惯、好习惯

领读、齐读生词，然后齐读课本第10页的词组。

五、语法(50分钟)

1. ……在哪儿。

【导入】

展示地图 ——银行在哪儿？

——银行在东边儿。

某人(物) + 在哪儿？

方向：东边儿、西边儿、南边儿、北边儿

左边儿、右边儿、前边儿、后边儿、旁边儿

那边儿、这边儿、里边儿、外边儿

【练习】 利用地图对学生进行提问。

2. 动词(V)+过。

【导入】

复习生词并在生词中讲"动词(V)+过"的搭配：

宾语后置：你去过北京吗？你吃过什么中国菜？你以前来过中国吗？

宾语前置：这本书你看过吗？中国菜你吃过吗？

否定形式：我没有去过上海。

正反疑问形式：你吃过中国菜没有？你有没有去过北京？

【练习】 教师通过提问帮助学生完成练习。

3. 动词(V)+得。

【导入】

提问：你会打篮球吗？打得怎么样？

动词(V)+得+形容词(adj.)

你的篮球打得非常棒。

【练习】

完成句子：

麦克的汉字_____。　　马丁的舞_____。

马力的歌_____。　　小燕子的中国菜_____。

杰克的钢琴_____。　　我姐姐的网球_____。

六、布置作业

预习课文中的对话。复习所学生词和语法。

第二次课(2课时)

一、复习(10分钟)

复习第一讲的生词和语法。

二、学习课文(50分钟)

【导入】

【教师领读】

【回答问题】

1. 王红和朴英姬现在在哪儿？

2. 朴英姬要去哪儿？

3. 朴英姬是哪国留学生？

4. 黄美娥的汉语说得怎么样？

5. 黄美娥在中国学了多长时间的汉语？她想家吗？

【对话】

看 PPT 的对话,并朗读。(分角色朗读、齐读)

PPT 对话只出现问句,请学生对问句进行回答并说出来。

【情景操练】

学生两人一组,根据地图,模仿课文情景,组织对话,并表演。

三、完成课后练习(30 分钟)

四、总结所学课文(8 分钟)

五、布置作业(2 分钟)

1. 写一篇小作文,描述苏州大学校园。

2. 预习第三课生词。

【附录】

【课文】

(在校园里)

朴英姬:请问,留学生教室在哪儿?

王　红:我也去那儿。请跟我走吧!

朴英姬:谢谢。

王　红:你是韩国留学生吗?

朴英姬:是。

正　红:以前来过中国没有?

朴英姬:没有,这是第一次。

王　红:瞧。那就是留学生教室。

朴英姬:谢谢你。

王　红:不客气。我叫王红,认识你很高兴。

朴英姬:我叫朴英姬,认识你我也很高兴。

(在留学生宿舍楼)

黄美娥:我叫黄美娥,是长期留学生。

朴英姬:你的汉语说得真棒!

黄美娥:哪里,我说得还不太好。

朴英姬:你在这儿学了多长时间了?

黄美娥:一年了。

朴英姬:你不想家吗?

黄美娥:开始的时候有点儿想,现在完全习惯了。

(本案编写者:赖珊　樊燕)

海内外教学实录篇

短期速成汉语教学

《你快要成"中国通"了》教案

【教学对象】 美国大学在上海的秋季语言强化项目。大学1—3年级在读,在美国大学或其他语言强化夏令营接受过汉语训练。有的从高中开始,学过2—3学年汉语。有的为汉语本科专业2年级学生,但口语训练不足,刚来时怯于开口。汉字基础较好,已经掌握部件拆分的知识,了解一定量的部件含义,但写作受母语影响,语法表达负迁移现象严重。

【教学目的】 1. 掌握课文大意和生词。

2. 掌握本课语法结构,能够用该结构回答老师问题。

3. 能够用所学词汇句型表达自己在中国的经验和感受。

【教学材料】 《新实用汉语课本》第二册 第26课。

【课时时长】 2课时,每课时45分钟。

【教学过程】

一、听写

要求在汉字上标注声调(学生课前必须预习课文和生词)。

1. 说实在的,我越来越喜欢中国文化了。
2. 如果每天都让你吃中餐,你就会饿死。
3. 举办,记得,展览

二、朗读

学生分小组分角色读课文。教师正音。

三、课文理解

教师按照课文提问,学生口头回答。

1. 林娜来中国多久了?
2. 她不但学了汉语,还做了什么?
3. 宋华觉得林娜快变成什么了?为什么?
4. 林娜觉得自己是中国通吗?她说了什么?
5. 她觉得中国有什么特点?
6. 宋华所说的是一个什么展览?
7. 宋华为什么建议林娜去看看展览?
8. 林娜想把这个消息告诉谁?什么时候告诉他?为什么?

9. 林娜刚来的时候觉得中餐怎么样？现在呢？
10. 林娜如果一天不吃中国菜,会怎样？
11. 后来谁进了宿舍？
12. 马大为问了大家什么问题？
13. 大家在聊什么呢？
14. 宋华觉得立波是中国通吗？
15. 立波为什么早就中国化了？
16. 立波为什么觉得林娜也有点中国化了呢？
17. 林娜是什么时候开始中国化的？她说的"才"是什么意思？
18. 有些留学生是怎么中国化的？
19. 马大维说,女孩子怎样可以很容易中国化？
20. 林娜觉得学汉语什么不难？什么难？
21. 马大为觉得学汉语什么难？为什么？
22. 宋华觉得他们汉语提高得快吗？他为什么觉得提高得快？
23. 宋华觉得他们为什么提高得快？
24. 立波觉得为什么他们提高得很快？
25. 林娜能听懂中国人说话吗？她明年还来吗？为什么？
26. 林娜希望宋华做什么？
27. 宋华同意了吗？他说了什么？

四、语法结构问答练习
语法结构教师课前写在黑板上。
1. 主语(S) + 成 + 名词(N) + 了。
(to become, "了"is employed at the end of a sentence to indicate changed circumstances or the emergence of some new situation.)

【老师】
你觉得课文里谁快要成中国通了？
她今年生了孩子,成什么了？
两年以前"我"是学生,现在"我"成什么了？
他很了解上海文化,快成什么了？

2. 句子(Sentence), +还差得远呢。
(I'm still not that good yet. This is an expression of modesty that Chinese people often use when being praised.)

【老师】
你的画儿画得真好看,你可以当画家了。
你的歌儿唱得这么好,都快成歌星(singing star)了。

【学生】

哪里,还差得远呢。

3. 说实在的,+句子(Sentence)。

(honestly speaking, it is often used to express a contrary idea)

【老师】

你现在喜欢吃中国菜了吗?

林娜喜欢中国文化吗?

你的中国朋友怎么样?

你想念美国吗?

你喜欢吃四川菜吗?

4. 主语(S)+越来越+形容词/动宾结构(A/VO)。(The phrase expresses change in the degree of things with the progression of time.)

【老师】

林娜以前喜欢中国,现在是不是更喜欢了呢?

汉语难吗?

你还喜欢学汉语吗?

你的汉语说得怎么样?

5. (1) 主语(S)对名词(N)(不)感兴趣;

(2) 动词(S)+动词(V)+名词(N)+(很/非常)+(没)有意思(interesting)(to be interested in …)。

【老师】

你对中国文化很感兴趣吗?

你觉得中国文化有意思吗?

你对中国的什么感兴趣?茶吗?

《哈里·波特》怎么样?

他对中国电影不感兴趣。

他觉得今天的电影没有意思。

6. 主语(S)+形容词/动词(adj./V)(如喜欢、想……)+死(了)。

(Indicates a very high degree, the adj. is often negative or unsatisfied.)

【老师】

林娜刚来中国的时候觉得,如果每天都让她吃中餐,她会怎样?

今天的作业非常多,你会怎么说?

《泰囧》这部电影很有意思,你们怎么形容?

五、出示词卡操练生词

生词 (New words)	词性 (Part of speech)	结构 (Structure)	例子 (Examples)
实在	（形容词）(Adj.)		很实在
	（副词）(Adv.)		实在便宜、实在辛苦、实在不敢当
举办	（动词）(V)		举办展览、举办音乐会
对	（介词）(Prep.)	对某人/某事(sb.)/(sth.) +动词短语(VP)	对他笑、对老师说
结业	动宾结构(VO)		结业聚会、快要结业了、结业的时候
记得	（动词）(V)	记得名词(N)/动词短语(VP)	记得他的名字、记得以前的朋友不记得参加聚会
饿	（形容词）(Adj.)		很饿、有点儿饿、越来越饿

六、作业与练习

(一) 复习(Review)

1. 课本 P248—249 生词(New Words)(1—20)。
2. 课本 P251—252 注释(Notes)(1—4)。
3. 课本 P258—261 语法(Grammers)(1—2)。
4. 看 DVD,读课文 26(一)。
5. 复述课文 26(一)(to retell the text)。

(二) 书面作业(Homework)

1. 日记。
2. 预习课文 26(二),用作业纸完成下面的问题:
  (1) 林娜是什么时候开始中国化的?
  (2) 马大为建议林娜怎么中国化?
  (3) 林娜他们觉得学习汉语的时候什么比较难,你呢?
  (4) 为什么这些留学生进步得这么快?
  (5) 林娜为什么明年还打算来中国学习汉语?

(三) 预习(Preview)

1. 课本 P249—250 生词(New Words)(21—36)。
2. 课本 P252—253 注释(Notes)(5—10)。
3. 课本 P258—261 语法(Grammers)(1—2)。
4. 预习课文 26(二),准备(zhǔnbèi,prepare)明天的听写【Preview L26(二) and prepare for the dictation tomorrow.】。
5. 看 DVD,读课文 26(二)。
6. 准备明天的口头语段操练"说说你学习汉语的经验(jīng yàn, experience)"。

(本案编写者:金滟 樊燕)

文化主题教学篇

《尠》教案

【教学对象】 在中国进行了一年以上汉语沉浸的留学生,具备初级汉语交际和运用的能力,学习者对中华文化有浓厚的兴趣,有深入了解中国文化的愿望。

【教学方法】 主题式教学法

【教学辅助】 多媒体、图片、毛笔、墨水、毛毡、宣纸

【设计思路】 民俗字,是一种组合字,通常由几个汉字组合而成,最早出现在先秦时期。每一个民俗字背后通常都会有一个有趣的故事,"尠"这个字背后的故事就是与苏州非常有名的才子唐伯虎有关。因为教学的终极目标是要兼顾语言与文化,使汉语水平低的学生也能在习得语言能力的过程中深度了解中国文化,我们经过多次讨论修改,编写了含有故事的短课文。本次设计注重教学过程的连贯性和趣味性,课堂教学按照"生词—课文—语法—活动"的步骤循序渐进地展开,并充分贯彻"在做中学"的教学理念,让学生在制作书画扇的过程中感受中华文化的魅力。

【教学目的】
1. 文化:通过课前导入旨在使学生初步了解明代才子唐伯虎的相关故事,以及中国古代的书法、绘画和诗词。
2. 词汇:掌握17个生词的使用,重点掌握词语"骄傲自满"、"成就"、"竟然"、"惭愧"、"勉励"。
3. 课文:理解课文内容,了解整篇课文的行文逻辑,反复练习直至背诵课文。
4. 语法:(1) 掌握"把"字句处置式的基本用法。
   (2) 掌握"由"字句的基本句型,以及主动句型与被动句型的转换。
5. 活动:在书法活动中激发学生对汉字书写的兴趣,纠正书写时的笔顺错误。以书写扇面的形式提高学生参与活动的积极性。

【语言教学重点】
1. 文化词语"唐伯虎"、"沈周"、"明代"、"书法"、"绘画"、"作诗"。
2. 语言词语"骄傲自满"、"成就"、"竟然"、"惭愧"、"勉励"。
3. "把"字句。
4. "由……组成"。

【教学规划】

1. 第一课时:

(1) 引入明代与唐伯虎的背景介绍(包括6个文化词语)。

(2) 讲解生词:11个语言词语。

(3) PPT 图片引导,大量短语练习。

2. 第二课时:

(1) 复习第一课时的生词。

(2) 朗读、操练课文。

(3) 从生词、短语过渡到课文。

(4) 复述课文。

(5) 句子接龙。

(6) 情景表演。

3. 第三课时:

(1) 讲练语法点:① "把"字句;② 由……组成。

(2) 复习课文。

4. 第四课时:

(1) 听写课文。

(2) 书法活动。

(3) 布置作业。

(媒体类:图片、视频)

【教学时间】　8课时,每课时50分钟,共400分钟。

【词汇表】

1. 唐伯虎 Táng bó hǔ	2. 明代 Míng dài	3. 书法 shū fǎ	4. 绘画 huì huà	5. 诗词 shī cí
6. 取得 qǔ dé	7. 成就 chéng jiù	8. 骄傲自满 jiāo ào zì mǎn	9. 沈周 Shěn zhōu	10. 表扬 biǎo yáng
11. 竟然 jìng rán	12. 惭愧 cán kuì	13. 亲朋好友 qīn péng hǎo yǒu	14. 刻苦 kè kǔ	15. 勉励 miǎn lì
16. 工艺品 gōng yì pǐn	17. 从此 cóng cǐ			

第一、二课时

唐伯虎是中国明代一位有名的才子,他在书法、绘画、诗词等方面都取得了很高的成就。唐伯虎小时候很聪明,所以有些骄傲自满。唐伯虎的老师沈周也是当时有名的画家,一次,唐伯虎在沈周家学画画,得到了老师的表扬,他就有些骄傲。老师发现了,就让唐伯虎在吃饭的时候去开窗户，没想到窗户竟然是老师画的一幅画，这时候唐伯虎才明白自己的水平远不如老师，他觉得很惭愧。从此，他更加刻苦地学习画画。

为了勉励自己，唐伯虎创造了"尟"这个字，并把它挂到墙上。这个字是由"日"、"日"、"有"、"才"、"见"五个简单的汉字组成的，意思是要不断地学习，每天增长一点知识。直到今天，还有很多人把这个字挂在书房的墙上，或者做成工艺品送给亲朋好友。

一、教学导入

老师穿着唐伯虎装扮的明代服装，手拿书画扇进入教室（扇子一面是桃花诗，一面是"尟"这个字），然后手摇扇子对学生说："同学们，还认识我吗？哈哈，今天我做演员了，今天我演的是中国古代一个非常有名的人，叫唐伯虎，他是苏州人，是一个非常厉害的画家、书法家、诗人，今天我们就一起学习与唐伯虎有关的小故事。"

二、学习生词

说明：根据板书顺序讲解生词，处理词语时使用的方法有实物演示、动作情境、言语情境、图片情境、手势引导等。

认读生词（5分钟）

具体过程：领读—齐读—分读—点读—齐读。

第一、二遍：教师领读，学生跟读；

第三遍：学生集体朗读一遍；

第四至八遍：每位学生读5~6个生词，按顺序认读，直至每位学生都读过；

第九遍：教师打乱顺序要求学生集体认读；

第十遍：学生集体朗读一遍。

• 文化词汇：

明代　唐伯虎　书法　绘画　诗词　沈周

1. 明代

教师在黑板上展示一个最简单的中国朝代更替图。

朝代更替歌谣：夏商与西周，东周分两段，春秋和战国。一统秦两汉，二晋前后延，南北朝并列，隋唐五代传，宋元明清后，皇朝至此完。

明代，也称明朝，存在的时间是公元1368到1644年，PPT上展示的是一个明代人，他们穿的衣服和我现在穿的一样，那个时候的衣服很有特色。

2. 唐伯虎

唐伯虎是明代"四大才子"之一。"四大才子"是指明代时生活在苏州的四位有才华的文化人。他们在书法、绘画、诗词等方面都很厉害。（教师用PPT给学生展示唐伯虎的绘画、书法作品）

3. 书法

书法是用毛笔书写汉字的一种艺术形式。老师手上这把扇子上的字就是用毛笔写在扇纸上的,这也是书法。在之后的课堂中老师会向同学们展示如何用毛笔写书法,同学们也会有一把自己做的书画扇。人们把在书法方面有成就的人称为"书法家"。

4. 绘画

中国古代的画大部分是山水、花鸟画,画家用毛笔和黑色的墨汁(展示墨汁的图片)在纸上画画,画的都是山水、花鸟等。一幅画中常常会有一角是空白的,人们叫它"留白",它让人们自己去想象没有画出的内容,体现了中国文化以无胜有的意境。

5. 诗词

诗词是唐诗和宋词的合称,是古人表达内心想法的一种艺术形式。中国的古诗词都像歌词一样,读起来很好听,但要写诗写词很难。

扇面上的这首诗就是唐伯虎最著名的《桃花庵诗》。唐伯虎所居住的桃花坞因为这首诗而闻名,桃花坞离苏州大学本部不远,大家周末的时候可以去看看。现在老师给大家读一读:

桃花坞里桃花庵,桃花庵里桃花仙;桃花仙人种桃树,又摘桃花换酒钱。

酒醒只在花前坐,酒醉还来花下眠;半醒半醉日复日,花落花开年复年。

但愿老死花酒间,不愿鞠躬车马前;车尘马足贵者趣,酒盏花枝贫者缘。

若将富贵比贫贱,一在平地一在天;若将贫贱比车马,他得驱驰我得闲。

世人笑我太疯癫,我笑世人看不穿;不见五陵豪杰墓,无花无酒锄作田。

怎么样?听不懂,是吧?但听起来是不是很好听?因为每一句的韵母都很像(教师把押韵的汉字及其拼音板书在黑板,an/xian/qian/mian/nian/jian/qian/yuan/jian/tian/xian/dian/chuan/tian),所以听起来像在唱歌。但要写出这样的诗是很不容易的。诗词写得很好的人,我们叫他诗人。(提问:你知道哪些中国有名的诗人?)

6. 沈周

沈周是唐伯虎的老师,也是出生在苏州的明代著名画家、诗人。他开创了吴门画派,影响了之后许许多多的苏州文化人。吴门画派是这样一类人,他们是生活在苏州这个地方的一群画家,他们的画都很有苏州特色。

• 词语:

| 取得 | ★成就 | 骄傲自满 | 表扬 | ★竟然 | ★惭愧 | 从此 | 刻苦 | ★勉励 | 工艺品 | 亲朋好友 |

(说明:标注"★"的是重点词汇)

7. 取得

动词(V)获得,得到。

图片上是"取"的象形字,左边是耳朵,右边是手,古代用"割下左耳"表示取得胜利。

例句:(1)唐伯虎在绘画方面取得了很高的成就。

(2)姚明在比赛中取得了很好的成绩。

　　　　（3）我取得了到苏州大学留学的机会。

　　　　（4）这个学期我要努力学习,想要取得更大的进步。

*8. 成就

名词(N)重大事业上的重大进展和巨大成果。

- 情景引导：

小明在考试中取得了A,只能说他取得了好成绩,不能说取得成就。

大家都知道巴菲特,他对世界的影响很大,那么就能说巴菲特取得了很大的成就。

- 例句：（1）居里夫人发现了镭,获得了诺贝尔奖,在化学领域＿＿＿＿＿＿
　　　　　＿＿。（取得了很大的成就）

　　　　（2）迈克尔·杰克逊在音乐、舞蹈、服装和化妆设计上都＿＿＿＿＿＿
　　　　　＿＿＿＿＿。（取得了很大成就）

- 【成绩】和【成就】的辨析：

成就指事业方面重大进展和巨大成果,成绩指工作、学习方面取得的小的成果。

- 选词填空：

　　　　　　成绩　　成就

（1）这次考试我得了95分的好＿＿＿＿＿＿＿（成绩）。

（2）电灯的发明是一项重要的科学＿＿＿＿＿＿＿（成就）。

*9. 骄傲自满【展示图片,此处为动图,有人物表情便于理解】

- 教师引导语：这样的表情你们什么时候会看到？是不是很开心很满足的时候？

- 为让学生更加清晰地了解"骄傲自满"的含义,以龟兔赛跑的故事引入。（兔子在刚开始的时候跑得比乌龟快得多,于是它就骄傲自满,觉得自己一定会赢得比赛,于是在一棵树下睡觉,结果被乌龟超过,输掉了比赛。现在请××说一下对"骄傲自满"的理解）

- 骄傲自满：贬义词,看不起别人,满足于自己已有的成绩。

- 例句：这次考试考得好,他有点儿骄傲自满。

　　　　大家都说她漂亮,她有点儿骄傲自满。

最后引导学生用"骄傲自满"这个生词概括龟兔赛跑的故事。

10. 表扬

动词(V)对好人、好事公开称赞。

- 情景引导：老师先对班里成绩最好的同学说,××你总是帮助同学,老师认为你很棒。这就叫作表扬。

例句：玛丽总是帮助同学,老师表扬了她。

　　　他总是第一个到教室,老师常常表扬他。

　　　她帮妈妈买菜、照顾弟弟,妈妈总是表扬她。

注：表扬更多的是指长辈对晚辈、领导对下属或老师对学生(做手势：上与下)的赞扬,不能用于地位辈分相同(做手势：平行)的人之间。

*11. 竟然

副词(adv.)表示出乎意料,没有想到。

- **教师引导语**:老师在苏州大学已经工作9年了,不知道图书馆在什么地方。
- **例句**:老师在苏州大学已经工作9年了,竟然不知道图书馆在什么地方。
- 1)竟然+动词(V)

 例句:他真粗心,考试的时候竟然忘了写名字。

 他刚来中国的时候讨厌吃中国菜,后来竟然喜欢上了中国菜。

2)竟然+形容词(adj.)

 例句:我以为这道题会很难,没想到竟然这么简单。

 我以为今天会很热,没想到竟然有点儿冷。

 练习:1)我们上课时还下着大雨呢,没带伞的同学都担心不能回去,没想到放学时_____。(雨竟然停了)[展示雨停了的图片]

 2)我们学校的音乐厅从三年前就开始建造了,_____。(到现在竟然还没有建好)[展示在修建的图片]

 3)我昨天在网上买了一本书,_____。(到货之后发现竟然是坏的)[展示一本坏的书的图片]

*12. 惭愧

因有缺点,错误或未能尽到责任而感到不安或羞耻。

- **情景引导**:
- 老师:"同学们知道自己父母的生日吗,会在他们生日的时候送上自己的祝福吗?"(学生:记得/不记得)

 老师:"你们的父母记得你们的生日吗?会给你们准备惊喜吗?"(学生:记得;会)

 老师:"父母记得你们的生日,但你们却不记得他们的生日,你们有没有感到不好意思?"【展示图片】(模仿图片中的动作)老师:"这种感觉就是惭愧。"

 例句:爸爸工作很辛苦,我不好好学习就会感到非常_____。(惭愧)

 他为忘记了妻子的生日而感到_____。(惭愧)

13. **从此**

意思是从这一时间起,用在现在,表示从现在起;用于过去,表示从过去的某一时间起。

 例句:因为一个很小的错误,他必须赔公司一大笔钱,从此,他明白了细心的重要性。

 大卫刚刚失业不久,他的女儿就出生了,从此,他的负担更重了。

练习:《白雪公主》的故事(从此)

提示词:公主 王子 救

14. **刻苦**

【展示图片】

这些小女孩看起来累吗?(累)可是她们每天都要这样练习,才能取得大的成就。因为只有刻苦练习,才能取得大的成就。所以"刻苦"的意思是不怕累,不怕困难,勤奋努力。

例句:他每天刻苦练习,终于赢得了比赛。

迈克学习很刻苦,成绩很优秀。

*15. 勉励

有劝人努力,鼓励的意思。

• 设置情景:

王平回家的时候很不开心,爸爸问她怎么了,王平说她今天上课的时候没有回答出老师提出的问题,可其他同学都能回答出来,大家都笑她。爸爸说那你现在知道怎么做了吗?王平说不知道,爸爸说:"我们一起来看看为什么回答不出来。是因为没有学习过呢、还是上课没有认真听?"在爸爸的帮助下,王平明白了没有学习过的问题不会回答很正常,她高兴得笑了。

导出句子:在爸爸的_____下,王平发现了不能回答问题的原因。(勉励)

例句:在学生遇到困难的时候,老师要勉励学生不要害怕困难。

在孩子遇到困难的时候,父母要勉励孩子不要害怕困难。

在朋友遇到困难的时候,我们要勉励他不要害怕困难。

16. 工艺品

有观赏价值的物品。

老师手中拿的这把扇子,就是一件工艺品。工艺品一般是人们用手工利用木头啊,石头啊,纸啊,泥巴啊等原料加工而成的产品,是用来欣赏和玩耍的,工艺品需要人们运用艺术想象力来完成。(图片展示陶瓷、珍珠项链、兔儿爷、桃花坞木刻年画、面塑等)

例句:这件工艺品很贵,大家猜猜多少钱?(配以一张明代宣德炉的图片)

我喜欢这样的工艺品,你们呢?(展示很多各国工艺品图片)

17. 亲朋好友

亲戚和朋友。指跟自己关系很好的人。

例句:今天的生日晚会,我请了很多亲朋好友。

他收到了哈佛大学的录取通知书,亲朋好友都来祝贺。

• 生词处理完后板书(加括号的词语为扩展词),最后再带学生将全部的生词和扩展短语朗读一遍。

唐伯虎 (中国)明代 书法(作品) 绘画(作品) 作诗 取得……的成就
(有点儿)骄傲自满 (得到)表扬 竟然 (很)惭愧 从此 刻苦(学习)
勉励 (一批)工艺品 (很多)亲朋好友

第三、四课时

唐伯虎是中国明代一位有名的才子,他在书法、绘画、诗词等方面都取得了很高的成就。唐伯虎小时候很聪明,所以有些骄傲自满。唐伯虎的老师沈周也是当时有名的画家,一次,唐伯虎在沈周家学画,得到了老师的表扬,他就有些骄傲。老师发现了,就让唐伯虎在吃饭的时候去开窗户,没想到窗户竟然是老师画的一幅画,这时候唐伯虎才明白自己的水平远不如老师,他觉得很惭愧。从此,他更加刻苦地学习画画。

为了勉励自己,唐伯虎创造了"朆"这个字,并把它挂到墙上。这个字是由"日"、"日"、"有"、"才"、"见"五个简单的汉字组成的,意思是要不断地学习,每天增长一点知识。直到今天,还有很多人把这个字挂在书房的墙上,或者做成工艺品送给亲朋好友。

一、生词复习

用领读、轮读、个别读等方式读生词。

> 唐伯虎　明代　书法绘画　作诗　取得　成就
> 聪明　骄傲自满　学画　沈周　表扬　骄傲　竟然
> 惭愧　从此　刻苦　勉励　亲朋好友　工艺品

二、朗读、操练课文

教师纠正语音、语调及停顿错误。

读课文:

1. 教师带领学生朗读两遍;

2. 学生集体齐读两遍;

3. 分小组竞赛朗读。

三、从生词、短语过渡到课文

将课文内容设计成一些问题,然后让学生通过看教材回答问题来熟悉课文。

1) 师:唐伯虎是谁?

　　(生:中国明代一位有名的才子)

2) 师:他在哪些方面都取得了很高的成就。

　　(生:他在书法、绘画、作诗等方面都取得了很高的成就)

3) 师:唐伯虎小时候很聪明,所以有点什么?

　　(生:唐伯虎小时候很聪明,所以有些骄傲自满)

4) 师:唐伯虎的老师是谁?唐伯虎在他家学画的时候发生了什么事情呢?

　　(生:唐伯虎的老师沈周也是当时有名的画家。一次,唐伯虎在沈周家学画画,得到了老师的表扬,他就有些骄傲自满。老师发现了,就让唐伯虎在吃饭的时候去开窗户,没想到窗户竟然是老师画的一幅画,这时候唐伯虎才明白自己的水平远不如老师,他觉得很惭愧)

5) 师:唐伯虎觉得很惭愧,他后来有什么变化?

　　(生:从此,他更加刻苦地学习画画)

6) 师:为了勉励自己,唐伯虎创造了什么字?

(生：为了勉励自己，唐伯虎创造了"䨮"这个字)

7) 师：这个字由什么组成？

(生：这个字是由"日"、"日"、"有"、"才"、"见"五个简单的汉字组成的。)

8) 师：这个字是什么意思呢？

(生：意思是要不断地学习，每天增长一点知识)

9) 师：直到今天，这个字还有什么用途呢？

(生：直到今天，还有很多人把这个字挂在书房的墙上，或者做成工艺品送给亲朋好友)

四、复述课文

课前说明：

课文的复述是利用多媒体展示动态提示词，将提示学生复述课文的提示词逐步减少，使练习的难度逐步提高。复述阶段对学生的要求是切实把握课文中的情节和语言项目，能够流利复述课文内容。

教师行为：

朗读结束后，教师展示 PPT 的课文提示词，将提示词分为详细提示和简单提示两个层次，每个层次都按"学生集体说→单说→齐说复杂提示词"来进行。

复述课文

- 唐伯虎是中国_____一位有名的才子，他在书法、_____、作诗等方面都取得了很高的_____。唐伯虎小时候很_____，所以有些_____。唐伯虎的老师沈周也是当时有名的_____，一次，唐伯虎在沈周家学画画，得到了老师的_____，他就有些_____。老师发现了，就让唐伯虎在吃饭的时候去开窗户，没想到窗户_____是老师画的一幅画，这时候唐伯虎才明白自己的_____远不如老师，他觉得很_____。从此，他更加_____学习画画。

- 为了_____自己，唐伯虎创造了"䨮"这个字，并_____，并_____它挂到墙上。这个字是_____"日"、"日"、"有"、"才"、"见"五个简单的汉字_____，意思是要_____学习，每天_____一点知识。直到今天，还有很多人_____这个字挂在书房的墙_____，或者做成工艺品送给_____。

复述课文

- 唐伯虎是＿＿＿＿＿＿一位＿＿＿＿＿＿＿，他在＿＿＿＿＿＿、＿＿＿＿＿、作诗等方面都取得了＿＿＿＿＿＿。唐伯虎小时候很＿＿＿＿＿，所以有些＿＿＿＿＿。唐伯虎的老师＿＿＿＿＿也是＿＿＿＿＿有名的＿＿＿＿＿，一次，＿＿＿＿＿学画画，得到了老师的＿＿＿＿＿，他就有些＿＿＿＿＿。老师＿＿＿＿＿了，就让＿＿＿＿＿在＿＿＿＿＿＿＿去开窗户，没想到窗户＿＿＿＿＿是＿＿＿＿＿一幅画，唐伯虎＿＿＿＿＿远＿＿＿＿＿，他觉得很＿＿＿＿＿。从此，他更加＿＿＿＿＿学习画画。

- 为了＿＿＿＿＿自己，唐伯虎＿＿＿＿＿了"暑"这个字，并＿＿＿＿＿＿，并＿＿＿＿＿它＿＿＿＿＿＿。这个字是＿＿＿＿＿"日"、"日"、"有"、"才"、"见"五个简单的汉字＿＿＿＿＿，意思是要＿＿＿＿＿学习，每天＿＿＿＿＿＿知识。直到＿＿＿＿＿＿，还有很多人＿＿＿＿＿这个字挂在＿＿＿＿＿的墙＿＿＿＿＿，＿＿＿＿＿做成＿＿＿＿＿送给＿＿＿＿＿。

五、句子接龙

为了让学生理解课文逻辑，学习关联词语的用法以及语篇的连接，老师将课文中有故事的性内容改成对话，在黑板上板书这段对话，并空出其中的5个句子，制作成硬纸板，随机发给学生，让他们进行句子接龙。贴在黑板上空白的部分，完成整篇对话。在这个过程中，教师不断询问学生这样接龙是否正确，若有不正确的地方，则让其他同学纠正。

唐伯虎：老师,<u>您觉得我的绘画水平怎么样?</u>

沈　周：我认为你在绘画方面已经取得很高的成就了,<u>但是还有一些需要改进的地方。</u>

唐伯虎：老师,您觉得我还有哪里做得不够好呢?

沈　周：<u>你先去打开那扇窗户吧。</u>

唐伯虎：这扇窗户没法打开啊,它竟然是一幅画! 老师,请问这是您画的吗?

沈　周：对,这正是我画的。<u>你知道我为什么让你这么做了吗?</u>

唐伯虎：因为我在绘画上才取得了一些成绩就骄傲自满了。

沈　周：你是一个聪明的学生,在未来一定能取得比我更高的成就,<u>所以我希望你能更加努力地学习绘画。</u>

唐伯虎：听了您的话,我觉得很惭愧。<u>从此,我一定更加刻苦地学习画画。</u>

六、情景表演

老师准备两套明代服饰,请两位同学穿上这两套服饰分别扮演唐伯虎与沈周,用句子接龙完成的对话进行情景表演。

唐伯虎：老师，您觉得我的绘画水平怎么样？

沈　周：我认为你在绘画方面已经取得很高的成就了，但是还有一些需要改进的地方。

唐伯虎：老师，您觉得我还有哪里做得不够好呢？

沈　周：你先去打开那扇窗户吧。

唐伯虎：这扇窗户没法打开啊，它竟然是一幅画！老师，请问这是您画的吗？

沈　周：对，这正是我画的。你知道我为什么让你这么做吗？

唐伯虎：因为我在绘画上才取得了一些成绩就骄傲自满了。

沈　周：你是一个聪明的学生，在未来一定能取得比我更高的成就，所以我希望你能更加努力地学习绘画。

唐伯虎：听了您的话，我觉得很惭愧。今后我一定更加刻苦地学习画画。

第五、六课时

唐伯虎是中国明代一位有名的才子，他在书法、绘画、诗词等方面都取得了很高的成就。唐伯虎小时候很聪明，所以有些骄傲自满。唐伯虎的老师沈周也是当时有名的画家，一次，唐伯虎在沈周家学画画，得到了老师的表扬，他就有些骄傲。老师发现了，就让唐伯虎在吃饭的时候去开窗户，没想到窗户竟然是老师画的一幅画，这时候唐伯虎才明白自己的水平远不如老师，他觉得很惭愧。从此，他更加刻苦地学习画画。

为了勉励自己，唐伯虎创造了"魍"这个字，并把它挂到墙上。这个字是由"日"、"日"、"有"、"才"、"见"五个简单的汉字组成的，意思是要不断地学习，每天增长一点知识。直到今天，还有很多人把这个字挂在书房的墙上，或者做成工艺品送给亲朋好友。

本课时语法的讲解共分为三个部分：第一部分是对"把"字句语法点的讲解，第二部分是对"由……组成"语法点的讲解，第三部分是语法的操练活动。

（一）"把"字句

1. "把 + 名词（N）+ 动词（V）+ 结果补语 + 了"。

2. "把 + 名词（N）+ 动词（V）+ 程度补语 + 了"。

3. "N施 + 把 + N受 + V施 + 受动者受到的影响"。

教学说明：实际教学时，只讲第一个句型，第二、三个句型供教师参考。

1. "把字句"基本句式——处置式："把 + 名词（N）+ 动词（V）+ 结果补语 + 了"。

● 教学说明：每一个目标句的引出都从学生的集体"齐读"开始，然后请学生挨个读。全部目标句练习完后，请全班学生朗读PPT所展示的例句，复习汉字。读完例句后，通过提问引导学生自己归纳和总结"把"字句处置式的句式。

● 教师行为：手里拿着一支笔，慢慢放到桌子上，一边做动作一边提问。

● 教师引导语：

（1）这是什么？（一支笔）

（2）现在在做什么？（放笔）

(3) 现在笔在哪儿？（笔在桌子上）

(4) 老师是不是把笔放到了桌子上？（把笔放到桌子上了。）

第一个目标句引出，要重点操练"齐读—个读—齐读（读例句）"。

• 教师行为：拿出一张照片，贴到黑板上，一边做动作一边提问，再把照片从黑板上拿下来，放在手里。

• 教师引导语：

(1) 这是什么？（一张照片）

(2) 老师刚才把照片放哪儿了？（老师把照片贴到了黑板上了。）

(3) 现在照片在哪里？（老师把照片拿在手里了。）

• 小结：

> 句式：把 + 名词(N) + 动词(V) + 结果补语 + 了"

> 例：把 + 笔 + 放 + 到桌子上了
> 　　把 + 照片 + 贴 + 到黑板上了
> 　　把 + 照片 + 拿 + 在手里了

• 教师引导语：

(1) "笔、照片"是什么词？（名词）

(2) 名词的后面有什么词？（有"放、贴、拿"等动词）

(3) 动词后面有什么？（动词后面有"到"和"在"）

(4) "到"和"在"的后面是什么？（是"桌子上、黑板上、手里"方位名词，它们和"到"、"在"合在一起作为表示地方的结果补语）

• 操练

语法操练使用实物和多媒体课件。下面分别介绍实物部分操练和多媒体课件操练：

(1) 使用教室内实物。

• 教师行为：

通过动作引导学生观察并描述教室内的真实情景。

• 教师引导语：

老师的桌子上放着手机，现在把它放到哪里去了？（老师把手机放到口袋里了）

• 教师行为：

把笔放回笔袋里。

把桌上的书放进抽屉里。

• 教师引导语：

老师把这支笔放哪里了？（老师把笔放进笔袋里了）

刚才桌上的书在哪里？（老师把书放回抽屉里了）

（2）使用多媒体课件的图片。
- 教师行为：

展示课件，通过引导请学生用所学的新句式描述图片。

小结

| 展示图片 | - 小朋友们把画贴在墙上了。
- 迈克把钱包丢了。
- 她把花瓶打碎了。
- 路西把信寄到美国了。
- 他把粥盛在饭盒里了。 |

- 教师引导语：

① 画是谁贴在墙上的？（小朋友们把画贴在墙上了）

② 迈克怎么了？为什么他这么着急？（迈克把钱包丢了）

③ 小女孩做了什么？（她把花瓶打碎了）

④ 这是谁的信？寄到哪里了？（路西把信寄到美国了）

⑤ 厨师做了什么？（他把粥盛在饭盒里了）

全部目标句练习完后，请全班学生朗读PPT所展示的例句。

2. "把"字句的基本句式——处置式："把＋名词（N）＋动词（V）＋得＋形容词＋极了"。

教师引导语：

（1）你最喜欢谁做的菜？（预测答案：妈妈、厨师、男朋友、女朋友等）

（2）他/她把菜做得怎么样？（厨师把菜做得好吃极了。）

（3）做菜前，他会把菜洗干净吗？（做菜前，他/她把菜洗得干净极了。）

> 句式：把＋名词（N）＋动词（V）＋得＋形容词＋极了

> 例：妈妈把饭做得好吃极了。
> 妈妈把菜洗得干净极了。

3. "N施＋把＋N受＋V施＋受动者受到的影响"。

- 教师行为：

将学生注意力转移到教室内，围绕教室内的情境问答学生。

- 教师引导语：

（1）学校要组织一次汉语演讲比赛，我们班要推荐一位代表去参加比赛，你们想推荐谁当代表？（迈克）

(2) 所以我们把迈克……?(我们把迈克推荐为参赛的代表)

句式:A(sb.) + 把 + B(sb./sth.) + V(A 对 B 做的行为) + B 受到的影响。

例:我们 把 迈克 推荐为 参赛的代表。

● 教师行为:

使用多媒体图片,展示课件,通过引导请学生用所学的新句式描述图片。

小结

展示五幅图片
- 妈妈把衣服洗干净了。
- 男孩把她气哭了。
- 汤姆把他打伤了。
- 山姆把杰克骗得团团转。
- 我们把汉字写清楚了。

● 教师引导语:

(1) 衣服看起来很干净,是因为……?(妈妈把衣服洗干净了)

(2) 小女孩哭了,是因为……?(男孩把她气哭了)

(3) 杰西躺在床上不能动,是因为……?(汤姆把他打伤了)

(4) 山姆经常骗杰克,无论山姆说什么,杰克都相信,所以……?(山姆把杰克骗得团团转)

(5) 汉字的笔画很复杂,所以我们在书写时要注意……?(把汉字写清楚了)

全部目标句练习完后,请全班同学朗读 PPT 所展示的例句。

(二)"由……组成"与"N 受 + 由 + N 施 + V"

语法的引入和讲解—语法的操练—"由"字句的句型转换。下面将对三个层面进行具体叙述:

1. 语法的引入和讲解。

● 教师行为:

一边拿出"戤"的图片贴在黑板上,一边提问。

● 教师引导语:

(1) 通过上一节课时的课文学习,大家能说出这是什么字吗?(日日有才见)

(2) 谁能指出"日"、"日"、"有"、"才"、"见"这五个字分别在哪里吗?请在图片上圈出来。

(3) 所以课文中说这个字……?(这个字是由"日"、"日"、"有"、"才"、"见"组成的)

第一个目标句引出,要重点操练"齐读—个读—齐读—读例句"。

(4)"魆"这个字是由谁写的？（这个字是由唐伯虎写的）

(5)唐伯虎是谁？他为什么有名？（唐伯虎是中国明代一位有名的才子,因为他在绘画、书法、作诗等方面都取得了很高的成就）

(6)唐伯虎的绘画是由谁教的？（他的绘画是由沈周教的）

> 句式:"由……组成"

> 例:这个字是由"日"、"日"、"有"、"才"、"见"组成的。

> 句式:"N受+由+N施+V"

> 例:这个字是由唐伯虎写的。
> 他的绘画是由沈周教的。

- 教师引导语：

(1)"字、绘画"是什么词？（名词）

(2)名词后面跟着什么？（跟着"由","由"后面跟着"唐伯虎""沈周"）

(3)"写、教"是什么词？（动词）

(4)"写"什么？"教"什么？（写"魆"字；教唐伯虎画画）

(5)这些动作是谁做的？（"由"后面的"唐伯虎""沈周"做的）

2. 语法的操练。

语法操练使用事物和多媒体课件。下面分别介绍实物操练和多媒体课件操练：

(1)使用教室内实物。

- 教师行为：

通过动作引导学生观察并描述教室内的真实情景。

- 教师引导语：

① 我们班的同学来自日本、韩国、老挝、法国和意大利五个国家,所以我们班是由……?（我们班是由来自五个国家的同学组成的）

② 为什么来中国学汉语？（因为汉语很有意思）

③ 来中国学汉语是自己决定的吗？（学汉语是由我自己决定的）

(2)使用多媒体课件的图片。

- 教师行为：

> 小结

> 展示五幅图片

这个问题由警察解决。
这件事由杰克解释。
班会由老师主持。
女主角由安妮·海瑟薇扮演。

展示课件,通过引导请学生用所学的新句式描述图片。
- 教师引导语:
① 谁来解决违反交通规则这个问题?(这个问题由警察解决)
② 谁来解释这件事?(这件事由杰克解释)
③ 谁来主持班会?(班会由老师主持)
④ 谁来扮演女主角?(女主角由安妮·海瑟薇扮演)
全部目标句练习完后,请全班学生朗读PPT所展示的例句。

3."由"字句的句型转换。
"由"字句的句式转换比较灵活简单,所以可以通过适当引导学生自己归纳规律。
- 教师行为:
教师通过让学生对上述例句进行思考,引导学生改变句型,熟悉"由"字句的主动式和被动式替换。
- 教师引导语:
(1)"这个问题由警察解决"这句话中哪个名词是主动的,哪个名词是被动的?(警察是主动的,这个问题是被动的)
(2)把"由"提前,可以把句子改成……?(由警察解决这个问题)
(3)这个句子和原来比较,哪里发生了变化?(被动的名词放到了主动的名词之后)

> 小结
>
> 句式:N受 + "由"N施 + V ⇨ "由"N施 + V + N受

- 操练:更改例句
  - 这件事由杰克解释。⇨ 由杰克解释这件事。
  - 班会由老师主持。⇨ 由老师主持班会。
  - 女主角由安妮·海瑟薇扮演。⇨ 由安妮·海瑟薇扮演女主角。

（三）语法的操练活动

主要分为三个步骤：

替换练习—用所给词语改写句子—用所给词语完成句子

- 教师行为：

通过 PPT 给学生展示练习，让学生尽量多操练本课语言点，并进行分组讨论练习，然后汇报。

在分组活动过程中，教师轮流听取学生在小组中的发言情况，纠正必要错误，提供必要的提示词，并鼓励学生积极发言。如发现学生活动中的典型错误，要安排面向全体的讲解和操练。

1. 替换练习。

- 教师行为：

给出少量提示词，鼓励学生多思考，主动造句。

原句：把 字挂在墙上 。

提示词：书　放　抽屉
　　　　包装纸　扔　垃圾桶

原句：把 菜洗得干干净净 。

提示词：衣服　叠　整齐
　　　　话　说　清楚

原句： 这个字 由 五个部分组成 。

提示词：活动　他　设计
　　　　这个字　他　来写

2. 用所给词语改写句子。

（1）用"把"字句改写句子：

① 信投进了邮筒。

② 桌子整理干净了。

③ 作业交给老师。

④ 汉语学好了。

⑤ 书还给你。

⑥ 钱包丢了。

（2）用"由"字句改写句子：

① 举办今天晚会的人是他。

② 他喝了酒，而我没喝酒，所以开车的人是我。

③ 露西今天没来上课，帮她交作业的是杰克。

④ 唱这首歌的人是我。

⑤ 讲解考试流程的是老师。

⑥ 发奖品的人是杰西卡。

(3) 用由字句的句型转换来改造上题改写好的"由"字句。

3. 用所给词语完成句子。

(1) 填空:

① 海报做完了,_____。(把)

② 今天真倒霉,_____。(把)

③ 我实在太饿了,_____。(把)

④ 天气太热了,_____。(把)

⑤ 听到这个消息他气坏了,_____。(把)

⑥ 这部电影的女主角_____。(由)

⑦ 毕加索的画很抽象,_____。(由线条)

⑧ 既然他不愿意解释,_____。(由)

⑨ 为了让舞会更有意思,我们决定_____。(由)

⑩ 他是一个很有能力的人,_____,我觉得很放心。(由)

(2) 用"由"字句的句型转换来改造上述句子。

4. 回顾课文。

这个过渡阶段起到承上启下的作用。在处理完语法点后,可以将课文中带有语法点的三个句子提出来,通过对三个句子的操练,为最后一课时巩固课文阶段对课文的整体把握打下基础。

• 教师行为:

教师展示两幅图片,请学生使用本课的语法点对图片进行描述。

句式:N受 + "由" + N施 + 动词(V)

• 教师引导语:

(1) 大家知道这是哪里吗?(是唐寅园)

(2) 唐寅园里有哪些可以参观的地方呢?(唐寅园是由"金蟾池"、"流碑亭"、"唐寅墓"等景点构成的)

(3) 从图片上我们可以看到"魁"这个字放在了哪里呢?(唐伯虎把"魁"这个字挂在了墙上。)

(4) 唐伯虎为什么把这个字挂在墙上？（为了把这个字记在心里来鼓励自己认真学习。）

(5) 请同学来总结一下这两张图片描述了什么。

- 学生目标语：

图片上的是唐寅园，唐寅园是由许多和唐伯虎有关的景点构成的。唐伯虎把"勉"挂在了唐寅园的墙上，为了把这个字记在心里来鼓励自己认真学习。

- 教师行为：

给出课文中语法点段落的部分关键词，引导学生叙述课文第二段，进一步熟悉语法点：

创造	勉	墙上	简单的汉字	意思	学习	知识
直到	还有	书房	工艺品	亲朋好友		

第四课时

唐伯虎是中国明代一位有名的才子，他在书法、绘画、诗词等方面都取得了很高的成就。唐伯虎小时候很聪明，所以有些骄傲自满。唐伯虎的老师沈周也是当时有名的画家，一次，唐伯虎在沈周家学画画，得到了老师的表扬，他就有些骄傲。老师发现了，就让唐伯虎在吃饭的时候去开窗户，没想到窗户竟然是老师画的一幅画，这时候唐伯虎才明白自己的水平远不如老师，他觉得很惭愧。从此，他更加刻苦地学习画画。

为了勉励自己，唐伯虎创造了"勉"这个字，并把它挂到墙上。这个字是由"日"、"日"、"有"、"才"、"见"五个简单的汉字组成的，意思是要不断地学习，每天增长一点知识。直到今天，还有很多人把这个字挂在书房的墙上，或者做成工艺品送给亲朋好友。

（一）课文巩固

教师指导学生边听边写课文。由老师读课文，语速放慢。学生写在听写本上，收好作业后课后修改。

（二）拓展活动

拓展活动以教学书法的形式展开，并学习如何制作一把书画扇。在进一步巩固学习语法点的同时，带领学生领略中国的软笔书法艺术和纸扇的魅力，使学生对中国的传统艺术产生兴趣。针对这个活动，教师要进行仔细、周全的安排。

教师行为：

第一步：

1. 课前准备好书法必需的毛笔、墨水、练习纸张、砚台、毛毡。在讲台上示例如何摆放这些用具，并进行指导。（在这里可以说，书法用具是由毛笔、墨水、练习纸张、砚台、毛毡等组成的。）

2. 指导学生写毛笔字的握笔姿势，如"把毛笔竖起来"，"把食指放在最上面"，"把……放在……上"等的"把"字句的使用。用PPT展示握笔姿势的同时，老师也应该对每一位学生手把手地纠正。

3. 教写基本笔画点、横、竖、撇、捺,速成,笔画不用太复杂;老师在黑板上讲解后,学生依照 PPT 展示而模仿。

4. 练习"日"、"日"、"有"、"才"、"见"五个字,使学生较为熟练地运用毛笔。

5. 学写"䜌"。老师先写好这个字,学生模仿。老师在旁指导交流。

第二步:写扇面

示范并讲解如何蘸墨和搁笔

学生基本掌握写字方法,能熟练写"䜌"后,给每一个学生发一张扇面,教师示范在扇面上写"䜌",然后粘贴在扇骨上,出现在第一课时的扇子就完成了。这样一把自己制作的扇子既可以在夏季带来清凉,又可以激发创作乐趣。教师指导学生完成扇子的制作后,让学生们将之作为礼物相互赠送。

(三)布置作业

首先用一张图片引入民俗字(在多媒体 PPT 上放映)

老师:唐伯虎用"日日有才见"这个字来勉励自己不断学习,每天学到一点新的知识,这个字寄予了他对自己的期望。在中国,还有很多像这个字一样,由几个不同的字组成的,来寄予美好祝福或者祝愿的字,这类字叫作"民俗字"。

如:䜌

由"孔孟好学"四字组成。"孔孟"指<u>孔子和孟子</u>,他们是中国古代有名的大学问家,儒家学说的代表人物,他们的学说称为"孔孟之道"。

"孔孟好学"是繁体组合字,通过书法组合艺术形成,意思是要勤奋好学,有所作为,常挂在书房,展示主人的精神品格。

类似这样的民俗字还有很多,同学们可以在课外去搜集相关的资料,发现汉字的趣味。

(本案编写者:戴佳炜　黄奕丹　张婉婷　张雨霏　季晓波　樊燕)

《囍》教案

【教学对象】 在中国进行了一年以上汉语沉浸的留学生,具备初级汉语交际和运用能力,学习者对中华文化有浓厚的兴趣,有深入了解中国文化的愿望。

【教学方法】 主题式教学法。

【教学辅助】 多媒体、图片、剪刀、红纸、胶水。

【设计思路】 "红双喜"是中国人婚礼上必不可少的文化元素,在中国学习生活的外国人很容易接触到这一富有中国意味的剪纸艺术品,并有进一步探究其背后文化渊源的动机,但往往受限于语言水平而止步。现在大量出版的常规汉语教材则偏重语言技能和语言交际技能的培养,缺少对文化产品的纵深挖掘。基于这一状况,我们以"红双喜"为主题,在查阅大量相关文化材料的基础上,兼顾语言与文化,尽可能地使用高频词汇编写短课文,以课文作为课堂教学活动的终极指向。本次设计还特别注重教学过程的连贯性和趣味性,课堂教学按照"生词—语法—课文—教学活动"的顺序循序渐进地展开,并精心设计了"剪红双喜"的活动,从而体现"在做中学"的教学理念。

【教学目的】 1. 掌握与"红双喜"相关的文化词语,掌握课文中的重要句式,并且能够熟练应用。
2. 通过课文的学习,能够理解记忆课文的内容,能运用本课的句式结构基本完整复述课文并尝试交际。
3. 能够正确书写本课的生词。
4. 学会剪"红双喜"。

【语言教学重点】 (1)"把"字句。

(2)"用……表示……"。

【教学时间】 4课时,每课时50分钟,共200分钟。

【生词表】

xǐ shì 1. 喜事	hóng shuāng xǐ 2. 红双喜	tiē 3. 贴	chuāng 4. 窗
xīn rén 5. 新人	zhù fú 6. 祝福	měi mǎn 7. 美满	xiàng wǎng 8. 向往

9. 诗人 shī rén	10. 考试 kǎo shì	11. 成功 chéng gōng	12. 同时 tóng shí
13. 娶 qǔ	14. 心上人 xīn shàng rén	15. 连 lián	16. 表示 biǎo shì

【教学过程】

第一课时

中国人结婚时,经常会把"红双喜"贴在门窗上。"红双喜"是由两个红色的"喜"字组成的,既是对新人的祝福,又是对美满生活的向往。

古时候,人们在办喜事时只贴一个"喜"字。后来,有一个叫王安石的诗人,在考试成功的同时又娶到了心上人,就在门上贴了两个"喜"字。从那以后,人们习惯用两个连在一起的"喜"字表示"双喜临门"。

后来,中国人结婚时都会在门窗上贴红双喜。

一、教学导入

播放《红双喜婚礼歌》MV,引导学生观察视频中多次出现的红双喜剪纸,引出课文内容。

二、教师领读课文

三、词语教学

> 喜事 红双喜 贴 窗 新人 祝福 美满 向往

1. 新人

新娘和新郎的合称。量词用"对","一对新人"。(图片配合展示)

例句:婚礼上我们会说:祝这对新人新婚快乐!

△拓展应用:"新人"还可以表示某方面出现的新人物,最常用的有"职场新人"

例句:刚进入职场的新人可能会有很大的压力。

"温馨提示":这两种"新人"不要用错哦。

2. 窗

名词(N)(window),也说"窗户"。(各种各样的苏州园林窗户图片展示)

例句:晚上睡觉要关好门窗。

　　　　教室里好热啊!开一下窗吧!

教师:同学们晚上睡觉时会不会关门和窗户?

3. 贴

动词(V)(paste),配合老师做"贴"的动作。

△道具教学:胶水或双面胶、红双喜剪纸或其他趣味图片、纸张。

互动:某某同学把某张纸或图片贴到指定地方。

4. 喜事

名词(N)(happy event),本义是高兴的、开心的事情,后泛指结婚、生子、升学等事。(配合《万万没想到》中的系列图片)

△词汇拓展:办喜事、有喜了

办喜事:举行婚礼。(图片释义)

例句:以前中国人在家里办喜事,现在中国人在饭店办喜事。(配合图片给出例句)

美国人在哪里办喜事?

有喜了:女人怀孕了。(图片释义)

例句:老板,我老婆有喜了,我请假三天。

△展示宫廷剧图片(配字:"恭喜娘娘有喜了!")

5. "红双喜"

双喜写作"囍",中国人喜欢红色,新人结婚时就用红纸剪成"囍",贴在新房的门、窗、墙上。(PPT展示几张婚礼红双喜图片)

例句:这家人的门上贴了"红双喜",一定是有喜事。

(展示《爸爸去哪儿》节目中田亮父女住的贴有"红双喜"的房子的图片)

问:学会了剪红双喜,你会在自己的新房里贴"红双喜"吗?

6. 祝福

动词(V):祝福+宾语　例如:祝福你、祝福她、祝福这对新人

名词(N):对……的祝福　例如:对你的祝福、对这对新人的祝福

例句:中国人一般会在节日时祝福家人和朋友。

中国人一般会在节日时表达对家人和朋友的祝福。

△趣味活动:教学生中国春节的祝福礼节,比如见了长辈要说什么、见了同辈要说什么等。

7. 美满

指感到幸福、愉快。美好圆满。如"生活美满"或"美满(的)生活"。(可配合家庭聚餐的图片)

例句:我祝福这对新人生活美满。

每个人都希望自己的生活美满。

美满的生活是每个人的希望。

8. 向往

动词(V)(look forward to)。

例句:我向往自由自在的生活。

我向往美国人的生活。

我没有上过大学,向往大学的生活。

我的家乡没有海,所以我从小就向往大海。

（PPT展示一些很温馨的图片）

教师：这样美满的生活你们向往吗？

四、课堂巩固环节

《家有喜事》是中国非常有名的一部电影。展示《家有喜事》电影图片并与学生展开互动，重点围绕以上生词展开。

第二课时

中国人结婚时，经常会把"红双喜"贴在门窗上。"红双喜"是由两个红色的"喜"字组成的，既是对新人的祝福，又是对美满生活的向往。

古时候，人们在办喜事时只贴一个"喜"字。后来，有一个叫王安石的诗人，在考试成功的同时娶到了心上人，就在门上贴了两个"喜"字。从那以后，人们习惯用两个连在一起的"喜"字表示"双喜临门"。

后来，中国人结婚时都会在门窗上贴"红双喜"。

一、教师领读课文

二、词汇教学

> 诗人　考试　成功　同时　娶　心上人　连　表示

1. 诗人

例句：王安石是中国著名的诗人。（配王安石及诗作代表图）
　　　泰戈尔是印度著名的诗人。（泰戈尔头像及诗作代表图）
　　　莎士比亚是英国著名的诗人。（配莎士比亚头像以及十四行诗的图片）

教师：你还知道中国的哪些诗人？（李白、徐志摩）

2. 考试

动词(V)/名词(N)。"考试"是指通过书面、口头等方法检查学习情况的一种活动。比如HSK等。用英文解释，"考试"就是"examination"。（介绍古代科举的一小段视频或者图片、中国高考图片）

例句：马上要期末考试了，你做好准备了吗？

教师：你以前参加过哪些你认为重要的考试？结果怎么样？以后可能还会参加什么考试？

3. 成功

完成一定的功业或事业；事情获得希望的效果。"成功"用英文解释是"success"，同样有这两层意思，一般第二种使用比较多，可以表示事情的完美达成，第一种意思一般用来表示在某方面有突出表现的人或事。

例句：苹果被公认为目前最成功的手机制造商之一。
　　　乔布斯成功了，他的苹果很受欢迎。（苹果手机图片）
　　　吉利成功地收购了美国通用公司的著名汽车品牌——沃尔沃。

(PPT 吉利标志、沃尔沃标志、通用公司大门图片或其被收购的新闻图片)

中国人常说：失败是成功之母。

教师：你有哪些事情做成功了？

4. 同时

同一时间；同时发生（at the same time；moreover；besides）。

例句：他妈妈在找他的同时，他正在操场上打篮球。

大自然是善良的母亲，同时也是冷酷的屠夫。——雨果

2010年他大学毕业了，同时找到一份很好的工作。

他在学校读书，同时还在咖啡厅里做服务员。

5. 娶

把女子接过来结婚：娶亲、娶妻、迎娶。（注：只有男人才可以用"娶"）

（PPT展示古代男人结婚时骑马戴大红花的图片；现代男人穿西装迎亲图片）

例句：村口的老王娶了个媳妇。

贝克汉姆娶了一个大美女。

1986年习近平娶了彭丽媛。

教师：你想娶个什么样的女人？

△教学延伸：嫁：

与"娶"相对，出嫁、嫁女儿。（注：只有女人才可以用"嫁"）

（PPT展示古代女人结婚时披着红盖头、穿着红嫁衣的图片；现代女人穿婚纱的图片）

例句：隔壁老王明天要嫁女儿了。

1986年彭丽媛嫁给了习近平。

教师：你想嫁个什么样的男人？

6. 心上人

单指恋人或者是喜欢的人。（播放宋祖英演唱歌曲《心上人》）

例句：你还是不要去向他表白了，因为他已经有心上人了。

我中学时的心上人是一个长得很帅的男人。

他的心上人是一位中学老师。

教师：你有没有心上人？如果有，与心上人做过哪些快乐的事情？

7. 连

连接，相连。

注：这里只讲"连"的动词用法，不涉及其连词、介词等其他用法（难度太大）。

使用时通常要与介词或语音助词一起使用，如连着、连在。

例句：两个红色的"喜"字连在一起就变成了"红双喜"。

中国的南边连着印度、越南、缅甸、老挝等国家。

爸爸妈妈的心跟我的心连在一起。

△趣味活动：可以做一个纸片游戏来加强感官认识，如两个"人"连在一起变成了"从"，三个"人"连在一起变成了"众"，还有木、林、森等都可以用作示范。除了汉字，图片也可以，比如两个山峰连在一起就变成了一个山峦。（道具：卡纸剪出三个"人"字，三个"木"字）

8. 表示

用语言和动作表现出；显示某种意义。通常使用第二层含义，文中用的是第二层含义。

例句：儿女们经常买礼物送给父母，表示对父母的爱。（脑白金视频）

微笑常常表示高兴和友善。（附上笑脸图）

中国人点头表示同意，摇头表示不同意。

中国人家里贴"红双喜"表示有喜事。

△趣味活动：

讨论：身边哪些物品或者标志能表示什么含义，增加对"表示"一词的理解。

如戒指表示已婚，在中国红色表示喜事，白色表示丧事，等等。

第三课时

中国人结婚时，经常会把"红双喜"贴在门窗上。"红双喜"是由两个红色的"喜"字组成的，既是对新人的祝福，又是对美满生活的向往。

古时候，人们在办喜事时只贴一个"喜"字。后来，有一个叫王安石的诗人，在考试成功的同时娶到了心上人，就在门上贴了两个"喜"字。从那以后，人们习惯用两个连在一起的"喜"字表示"双喜临门"。

后来，中国人结婚时都会在门窗上贴"红双喜"。

一、教师领读课文

二、重点句式句型

1. 中国人结婚时，经常会把"红双喜"贴在门窗上。

导入：老师走进教室后，打开门，拉上窗帘，打开PPT，擦干净黑板。

问：老师进教室后都干了些什么？

板书：老师打开门→老师把门打开。

老师拉上窗帘→老师把窗帘拉上。

老师打开PPT→老师把PPT打开。

老师擦干净黑板→老师把黑板擦干净。

问学生这两个句子有什么不同？（引导学生回答"把"词的顺序有什么变化？）

"把"字句的一般形式：

句式：主语+把+宾语+谓语+其他成分（sb./sth. + 把 + sb./sth. + v. +……）

例句：他把书忘在宿舍了。

你应该把牛奶加热之后再喝。

说明：1. 句型结构。

2. "把"字句的谓语动词不能是光杆动词，即动词后有别的成分，一般不能单独出现。

3. "把"字句又叫处置式。处置就是指谓语中的动词所表示的动作对"把"字引出的受事施加影响，使它产生某种结果，发生某种变化，或处于某种状态。

4. 在特定语境中，主语可以省略。

操练1：就教室内的一些情况设置"把"字句情境，让学生造句。

（1）从文件袋里拿出剪纸。

（2）磁铁固定在黑板上。

（3）碰落黑板擦/捡起黑板擦。

操练2：给出一些图片，观察他们的动作，如何用"把"字句表达。（附PPT）

（4）新郎把新娘抱了起来。

（5）父亲把新娘的手交给新郎。

操练3：把一张红纸对折。→把想好的图案在纸上画出来。→用剪刀把图案剪出。→把剪好的红纸展开。

操练4：改说句子。（提问）

（1）小偷偷走了他的手机。

（2）他记错了期末考试的时间。

（3）他错过了最后一班公交车。

（4）她忘了要去学校报到的事儿。

（5）Karl做好了今天的家庭作业。

（6）妈妈不小心打翻了装盐的罐子。

（7）我一个人洗干净了所有的衣服。

（8）考试以后，学生扔掉了没有用了的资料。

（9）谁拿走了我的雨伞？

（10）上次借走的笔记你能还给我吗？

2. 人们习惯用两个连在一起的"喜"字表示"双喜临门"。

> 句式：用……表示

例句：1. 人们用两个连在一起的"喜"字表示"双喜临门"。（PPT图片）

2. 中国人的红色表示喜庆，西方人的红色表示暴力。（PPT图片）

3. "￥"表示人民币，"$"表示美元。（PPT图片）

4. 小孩子在干什么？他的表情高兴吗？（PPT图片）

——小孩子用噘嘴或不吃饭表示不高兴。

5. 国际惯用彩虹伞表示同性恋。(PPT 图片)

6. 有人向 David 问路,但他听不懂对方说的话。他只好摇摇头。
——他用摆手摇头的动作表示不懂。

7. 她用婚戒表示她已经结婚了。(PPT 图片)

第四课时

中国人结婚时,经常会把"红双喜"贴在门窗上。"红双喜"是由两个红色的"喜"字组成的,既是对新人的祝福,又是对美满生活的向往。

古时候,人们在办喜事时只贴一个"喜"字。后来,有一个叫王安石的诗人,在考试成功的同时娶到了心上人,就在门上贴了两个"喜"字。从那以后,人们习惯用两个连在一起的"喜"字表示"双喜临门"。

后来,中国人结婚时都会在门窗上贴"红双喜"。

一、领读课文

二、根据课文内容回答问题

1. 中国人喜欢在什么时候贴"红双喜"?
2. 谁可以给老师描述一下"红双喜"?
3. 人们为什么会把"红双喜"贴在门窗上?
4. 古时候,人们在办喜事时贴几个"喜"字?
5. 后来,人们习惯在哪儿贴两个"喜"字?
6. 人们用两个连在一起的"喜"字表示什么?

三、复述课文,纸条演示

中国人结婚时,经常会把"红双喜"……。……是由两个红色的"喜"字组成的,既是对……的……,又是对……生活的……。

古时候,人们在办喜事时……。后来,有一个叫王安石的诗人,在……的同时……,就在门上……。从那以后,人们习惯用……表示……。

后来,中国人结婚时……。

将课文完整写在黑板上,随着学生复述课文逐渐熟练,由教师用卡纸盖住一部分,让学生尝试复述。最后只留下一点提示,学生把课文全部复述出来。

四、同桌两人分组朗读课文

五、剪"红双喜"

材料:一张红纸、一把剪刀、一支笔。

步骤:(播放视频,让学生边看边学)教师可以对较难的地方进行讲解。

讲解词:取一张红纸,左右对折两次。画出"喜"字的一半。然后开始剪里面的线条,然后剪外面的线条。最后把红纸打开,"红双喜"就剪好了。

最后,把红双喜贴在门上或者窗户上,装饰教室。

(本案编写者:季丽娜 陆秀珍 汤琴 杨舒珺 庄达萨 樊燕)

《京剧脸谱》教案

【教学对象】 在中国进行了一年以上汉语沉浸的留学生,具备初级汉语交际和运用能力,学习者对中华文化有浓厚的兴趣,有深入了解中国文化的愿望。

【教学方法】 主题式教学法。

【教学辅助】 多媒体、图片、提示板、西瓜、鼓、花、白纸、毛笔、颜料。

【设计思路】 从选题到最后这份教案的形成,大约用了一个月的时间。首先在确定题目上我们花了很长时间,之前想做四合院、虎头鞋、粽子、冰糖葫芦这些题目,也查了很多相关材料,但是由于种种原因没有做下去,最终我们定了"脸谱"这一主题,确定这一主题的原因有以下几点:①秉承活动教学的原则,"画脸谱"这一活动的实践性较高,而且能让外国学生在学脸谱、画脸谱活动中了解京剧脸谱知识;②最近学校举办"戏曲走进大学生"活动,充分联系大学生生活,借此机会可以让留学生多了解一些京剧方面的知识,培养他们对京剧甚至戏曲的兴趣。

确定主题之后我们大致对课程进行构建,在设计过程中,我们发现整节课需要以课文为依托进行讲解,因此需要写一段有关脸谱的课文,起初我们想写一段画脸谱的短文,以便在活动中可以练习表达,"在做中学,在学中做"。可是,后来我们发现京剧中画脸谱的过程太过复杂,有很多专业术语,担心外国学生理解上会有些困难,于是我们决定写一小段关于京剧脸谱知识的文字。第一遍、第二遍写出来的课文对于我们而言很简单,但对于外国学生而言还是有些困难,一段文字中有十几个生词需要讲解;第三遍改出来的文字相对第一遍简单很多,但是字数比较少,而且衔接上不是很自然。于是我们决定把段落改成对话的形式,这样就形成了最后的课文。因为课文中的有些形容词比较抽象,所以在教学设计中我们尽量多地运用图片、实物等帮助学生理解,还加入了"击鼓传花"等一些小游戏,避免课堂的枯燥。

在课文教学中,我们的教学目标是让学生理解并能根据课文内容对话,提高实际交流能力,我们课文的设计针对这一目标分为以下几个阶段:①领读课文后通过与课文相关问题使学生更加熟悉课文;②学生分组分角色朗读,使学生在情境中理解课文;③通过题词板上所给关键词复述对话,再逐步撕掉关键词让学生不用提示就可以复述对话。

总体来说,我们的教案的特点是:①教学过程及环节比较详细而完整,讲解每一个词语时都使用一定的方法或技巧;②课堂氛围活跃,加入小游戏使枯燥的练习生动有趣;③运用情境教学法,图片情景、实物情景、给半句情景等使词语、句子更加具体可感;④讲解过程中尽量融入中国文化和地方特色,脸谱作为主题贯穿始终。

【教学目的】　1. 文化:通过学习京剧脸谱,让学生感受到中国戏剧文化艺术的独特魅力,从而增强学生学习汉语的兴趣与动力。

2. 词汇

(1) 了解文化名词"京剧"、"脸谱"的意义,认识其所指具体事物。

(2) 掌握动词"象征"的意义和用法,以及其作为名词的使用。

(3) 了解形容词"忠诚"、"勇敢"、"奸诈"的意义,了解其词性。

3. 句式句型

(1) 体会关联词"因为……所以……"的使用情境,并运用其讲述因果事件。

(2) "真+形容词(adj.)",掌握程度副词"真"的使用情境。

【教学时间】　4课时,每课时50分钟,共200分钟。

【板书设计】

生词区	
	PPT 展示区
句型区	讲解区
	(画图)

【词汇表】

jīng jù	liǎn pǔ	tú àn	xiàng zhēng	xìng gé
1. 京剧	2. 脸谱	3. 图案	4. 象征	5. 性格
zhōng chéng	yǒng gǎn	jiān zhà	yǒu qù	
6. 忠诚	7. 勇敢	8. 奸诈	9. 有趣	

第一课时

琼斯:嗨,迈克!看,我的中国朋友送了我几个京剧脸谱。

迈克:我只知道京剧,京剧脸谱是什么呀?

琼斯:京剧脸谱是唱京剧的人脸上的图案。

迈克:为什么这几个脸谱的颜色不一样呢?

琼斯:在京剧脸谱里,不同的颜色象征不同的性格。

迈克:哦?

琼斯:一般,红色象征忠诚,黄色象征勇敢,白色象征奸诈。

迈克:因为我是个勇敢的人,所以我喜欢黄色的脸谱。

琼斯：我也这样认为！

迈克：京剧的脸谱真有趣！

一、教学导入

教师穿着一件印有脸谱图案的白色 T 恤走进教室,试着问问有没有同学见过,有没有同学认识。

播放杭天琪《说唱脸谱》MV,在音乐画面中激发学生对脸谱的兴趣。

教师设问:同学们看到了什么？是京剧脸谱,是一种独特的中国艺术,我们今天就来学习《京剧脸谱》。

二、课文认读

教师领读,学生跟读(两次)。

三、生词

> 京剧　脸谱　图案　象征　忠诚　勇敢　奸诈　性格

1. 京剧(名词)

【板书】　京剧是中国最有名的一种戏剧,中国戏剧除了京剧,还有昆曲、越剧、豫剧、川剧等。

(教师可以自己模仿表演,也可以播放音频让学生了解这几种戏剧形式)

【PPT 出示:京剧《霸王别姬》的 MV】

教师：京剧好听吗？(——好听)

　　　听得懂吗？(——听不懂)

学生：京剧好听是好听,可是我一点儿也听不懂。(三次)

2. 脸谱(名词)

【板书】　戏剧人物脸上的画

【PPT 出示:京剧《霸王别姬》的图片】

教师行为:指着霸王的脸。

教师：霸王的脸上画的就是脸谱。

【PPT 出示:关羽、典韦、曹操、张飞的脸谱】

教师：这些都是京剧的脸谱,有意思吗？(让学生观察这些人物脸谱有什么不同)

3. 图案(名词)

【PPT 出示:几张图案不同的关于苏州刺绣的图片】

教师：同学们看,这是苏绣,谁能告诉我这上面都有什么？(花,鸟,人)

　　　对,这些东西就叫图案。

　　　杰西,你衣服上的图案是什么？(爱心)

学生：杰西衣服上的图案是爱心。

小组讨论:你最喜欢的图案是什么？

4. 象征(名词、动词)

【PPT 出示:一张奥运五环的图片】

教师:同学们知道这是什么图案吗?(奥运会)

有谁知道这5种颜色象征什么?(5大洲)

把它们放到一起,象征什么呢?(象征全世界的人一起参加奥运会)

学生:它象征全世界的人一起参加奥运会。(三次)

例句:白鸽象征和平。

玫瑰象征爱情。

讨论:自己国家的国旗象征什么。(请同学在黑板上画出自己国家的国旗)

【PPT 出示:红色脸谱的图片】

教师提问:同学们看,老师手上有不同颜色的脸谱,你们知道红色的象征什么吗?(——红色的脸谱象征忠诚。)

5. 忠诚(形容词)

【板书】 表示对朋友,对工作,对国家一心一意,非常诚实。

【PPT 出示:一面中国国旗】

教师:每个人都爱自己的国家,应该对国家怎么样?(忠诚)

板书:我们爱自己的国家,应该对她很忠诚。

教师:丈夫应该对妻子怎么样?(忠诚)

板书:丈夫应该对妻子忠诚,妻子也应该对丈夫忠诚。

6. 勇敢(形容词)

【板书】 表示不怕去做危险或者困难的事情。

教师:我坐飞机的时候会有点儿紧张,你们呢?

你们敢不敢开飞机?(不敢)

开飞机的人是＿＿＿＿的人。(勇敢)

你觉得什么样的人是勇敢的人?(不怕困难的人是勇敢的人)

板书:我觉得不怕困难的人是勇敢的人。

讨论:一个不会游泳的人,看见有人掉在水里就去救他,你觉得他是勇敢的人吗?

7. 奸诈(形容词)

【板书】 忠诚的反义词。表现为说谎骗人,偷偷地做坏事,但是其他人不知道。

【PPT 出示:白色脸谱图片】

教师:红色的脸谱象征忠诚,白色的脸谱象征奸诈。

生活中有没有奸诈的人?(很难发现)

8. 性格(名词)

教师:一个每天都很快乐的人和一个每天都不开心的人,哪种性格好?

珍妮是个性格很好的人,我们都喜欢她。

丽丽平时不爱说话,她是一个性格安静的人。

勇敢、忠诚、奸诈都是性格,如果问一个人是什么性格的人,一般回答说他/她是个勇敢,忠诚……的人就可以了。

乐乐是一个什么性格的人?(乐乐是一个勇敢的人)

分组讨论:什么性格的人是你最满意的男朋友或女朋友?(男生一组,女生一组)

第二课时

琼斯:嗨,迈克!看,我的中国朋友送了我几个京剧脸谱。

迈克:我只知道京剧,京剧脸谱是什么呀?

琼斯:京剧脸谱是唱京剧的人脸上的图案。

迈克:为什么这几个脸谱的颜色不一样呢?

琼斯:在京剧脸谱里,不同的颜色象征不同的性格。

迈克:哦?

琼斯:一般,红色象征忠诚,黄色象征勇敢,白色象征奸诈。

迈克:因为我是个勇敢的人,所以我喜欢黄色的脸谱。

琼斯:我也这样认为!

迈克:京剧的脸谱真有趣!

一、教师领读课文

二、分角色朗读课文

三、句式句型

> 句型:因为……所以……

> 例:因为我是个勇敢的人,所以我喜欢黄色的脸谱。

① 【PPT 出示:下雨天和人打雨伞的图片】

教师:为什么他要撑雨伞?(下雨了,他撑了雨伞)

- 天气晴朗的时候我们不需要打雨伞(可带防晒伞),下雨是我们要打雨伞的原因,打雨伞是下雨让我们要做的事情,也是一种结果。

我们也可以说【PPT 出示:因为下雨了,所以我们出门的时候要带雨伞。】

② 【PPT 出示:因为……所以……】

教师:"因为"后面跟原因,"所以"后面跟原因带来的结果。

今天李老师生病了,她没有来学校上课。

这句话用"因为……所以……"句式怎么样说?(找学生回答)

因为今天李老师生病了,所以她没有来学校上课。(领读一遍)

李老师生病了,所以没来上课。(领读一遍)

③ 问学生问题,要求学生用"因为……所以……"回答。

教师行为:出示红色(关羽)的脸谱图片。

教师:因为红色的脸谱象征忠诚,所以我最喜欢红色的脸谱。

你最喜欢什么颜色的脸谱?为什么?

> 句式:真+形容词(adj.)

> 例:京剧脸谱真有趣啊!

① 教师语言:"真+adj."表示一个人、一件事或一个东西,在某个方面超出了一般的事物,我们一般不会想到

【PPT 出示图片:世界上最高的人罗伯特·沃德洛】

教师:这是世界上最高的人罗伯特·沃德洛,身高2.72m,他的身高比一般人要高,我们以前不会想到一个人可以有那么高,看到这个人很吃惊,我们就可以说:"这个人真高啊!"

【PPT 出示句子:这个人真高啊!】

② 【出示实物:非常甜的小西瓜】要求学生用"真+adj."回答

教师:这个西瓜和一般的西瓜比怎么样?(这个西瓜真小啊)

这个西瓜只卖五毛钱一斤,我们可以说这个西瓜……(这个西瓜真便宜)

教师行为:切开西瓜,分给学生尝尝。

教师:西瓜甜不甜?(这个西瓜真甜)

② 辨析:真、很、太

【板书】 "很"表示超出一般水平,多用于陈述句;"真"表示超出一般水平,多用于感叹句,常见"真+形容词(adj.)+啊"结构,表达说话人情感;"太+形容词(adj.)+了"表示的程度很高,含有说话人觉得不舒服、不满意等情感。

教师:约翰是我们班最高的同学,我们可以说(约翰很高)。

【PPT 出示:姚明的图片】

教师:如果你第一次看到姚明,一定会吃惊,他比你想的还要高,那我们怎么说?(姚明真高啊)

朋友想帮你介绍女朋友,你听说她一米八,你会怎么说?(太高了)

第三课时

琼斯:嗨,迈克!看,我的中国朋友送了我几个京剧脸谱。

迈克:我只知道京剧,京剧脸谱是什么呀?

琼斯:京剧脸谱是唱京剧的人脸上的图案。

迈克:为什么这几个脸谱的颜色不一样呢?

琼斯:在京剧脸谱里,不同的颜色象征不同的性格。

迈克:哦?

琼斯:一般,红色象征忠诚,黄色象征勇敢,白色象征奸诈。

迈克:因为我是个勇敢的人,所以我喜欢黄色的脸谱。

琼斯:我也这样认为!

迈克:京剧的脸谱真有趣!

1. 组织教学

教师行为:拍手提示学生安静下来,开始上课。

教师:我们开始上课。

2. 复习旧课

复习词语、句型:击鼓传花。

课前准备一个小鼓和一束假花。

规则:教师在上面击鼓,学生在下面传花,教师鼓声停的时候,假花在谁的手里谁就上台在黑板上写下上一节课学习过的某个词语,并用这个词语造一个句子。

3. 学习新课

(游戏做完之后)

教师:我们看了京剧脸谱的照片和视频,也学习了很多单词,这些单词和句型都会出现在琼斯与迈克的对话中,也就是说,都会出现在我们的课文中,那么接下来我们一起来学习这篇课文吧!

教师领读课文一遍,并在此过程中注意停顿纠音,适当使用手势表示音调。

(1) 询问难点、疑点并进行作答。

(2) 教师:上一节课已经让大家回去预习了,现在请同学们相互提问和回答,被叫到的同学可以指定一个同学来回答,我们从"A"同学开始(学生问,学生答):

例:琼斯的朋友送了她什么?

迈克知道京剧脸谱吗?

京剧脸谱为什么有不同的颜色?

这些颜色象征什么?

迈克喜欢什么颜色?为什么?

迈克认为京剧脸谱怎么样?

(3) 两个人一组,分角色朗读,然后选出一组同学到教室前面表演。

(4) 根据提示板上的提示,完成课文(即复述课文):

a. 出示较多提示,让学生进行补充复述,如:

琼斯:嘿,迈克!看,我的中国……送了我几个……。

迈克:我只知道……京剧……是什么呀?

琼斯:京剧脸谱是……京剧的人脸上的……。

迈克:……这几个脸谱的……不一样呢?

琼斯:在京剧脸谱里,……的颜色……不同的性格。

迈克:哦?

琼斯:……,红色象征……,黄色象征……,白色象征……。

迈克:……我是个……的人,所以我喜欢黄色的脸谱。

琼斯:我也这样……!

迈克:京剧的脸谱……有趣!

b. 擦去一些词语,让学生再进行复述,如:

琼斯:嘿,迈克! 看,我的……送了我……。

迈克:我只知道……,……是什么呀?

琼斯:京剧脸谱是……京剧的人……。

迈克:……这几个……不一样呢?

琼斯:在……里,……的颜色……不同的。

迈克:哦?

琼斯:……,红色……,黄色……,紫色……。

迈克:……我是个……的人,所以。

琼斯:我也这样……!

迈克:京剧的脸谱……!

(5) 让学生齐读课文,时间有剩余的话再让学生分角色朗读或相互提问。

第四课时

琼斯:嗨,迈克! 看,我的中国朋友送了我几个京剧脸谱。

迈克:我只知道京剧,京剧脸谱是什么呀?

琼斯:京剧脸谱是唱京剧的人脸上的图案。

迈克:为什么这几个脸谱的颜色不一样呢?

琼斯:在京剧脸谱里,不同的颜色象征不同的性格。

迈克:哦?

琼斯:一般,红色象征忠诚,黄色象征勇敢,白色象征奸诈。

迈克:因为我是个勇敢的人,所以我喜欢黄色的脸谱。

琼斯:我也这样认为!

迈克:京剧的脸谱真有趣!

1. 分组进行真实语境的模拟交际

2. 小练习

(1) 填空:

红色的脸谱象征(　　),白色的脸谱象征(　　)。

(　　)小明上课很认真,(　　)他成绩很好。

一个人应该对国家(　　),这才是一个好人。

这部电影实在(　　)好看了,我看了3遍。

朋友送我的京剧脸谱(　　)好看!

(2) 连线:

今天的苹果只要4块钱一斤　　　　很多象征意义

京剧脸谱有　　　　　　　　　　　真便宜

我看过京剧　　　　　　　　　　　因为他不怕坏人

福尔摩斯是个勇敢的人　　　　　　看上去很单调

没有图案的衣服　　　　　　　　　觉得京剧很好看

3. 活动教学

指导学生画脸谱:课前准备白纸、毛笔和油彩。

【出示PPT图片:关羽的脸谱】

给每个学生一张空白的纸,让学生按照图片画脸谱。

最后将学生画好的脸谱画张贴到教室后面作为装饰。

附录:

【调整以前的小课文】

我的朋友送给我许多京剧脸谱。

京剧脸谱是画在唱京剧的人脸上的图案,不同的颜色象征不同的性格,一般来说,红色的象征忠诚,黄色的象征勇敢,白色的象征奸诈。京剧脸谱真有趣啊!

(本案编写者:王晓晨　卢苑　冯璐　王娟　顾静娴　樊燕)

《桂花》教案

【教学对象】 在中国进行了一年以上汉语沉浸的留学生,具备初级汉语交际和运用能力,学习者对中华文化有浓厚的兴趣,有深入了解中国文化的愿望。

【教学方法】 主题式教学法。

【教学辅助】 多媒体、图片、词卡、课文提示板、经过预处理的桂花枝叶和花朵、塑封、剪刀等。

【设计思路】 桂花是苏州大街小巷常见的花卉,同时也是中国的一种传统花卉,出现在很多中国传统食物、传统故事和文学作品中,学生容易对它产生兴趣。进入新课的教学从词汇、语法教学开始,为进入课文打下基础。教师在讲解生词之前,先通过让学生读来初步了解学生的预习情况,为之后的讲解打下基础。讲解生词的过程基本依据传统扩展法,按照"词—短语—句子"的顺序逐层引出,在生词引入的时候运用多媒体手段,还采用了讲故事法引起学生注意,同时,强化学生对该生词尤其是成语意义的记忆。在讲解之后,通过多种方法,如连词成句、造句、选词填空,加深学生对生词的理解,为之后理解课文打下基础。同时,在词汇教学过程中十分注重导入的安排,使得学生能够从对比和比较以及对实物的认知中,通过多种方式感知词汇所蕴含的文化意义。

本课的语法为"把"字句和"象征着……"句型,这两个句型与对话者的谈话背景紧密联系,因此在教学过程中,教师应设定各种不同语境以加深学生对该句型的理解,同时一些对话场景也能够引起学生课堂学习的兴趣。

课文阶段分为两课时,主要是三个步骤"理解—复述—对话"。教师为了让学生更容易理解课文内容而将课文分为上、下两段,通过朗读、复述、讨论、对话的方式,使学生在任务型教学的过程中理解课文的含义,也使教师了解学生对课文的整体把握程度。复述课文是通过给提示词实现的,教师将关键词提取出来作为提示词,指导学生完成复述,随着练习的深入,逐步减少提示词,在提高难度的同时,为之后学生的表演做好铺垫,并让学生最终不依靠提示词进行复述,同时分组合作有利于活跃气氛,活跃学生思维。

在课文教学的最后设计了口语对话练习,主要是为了检查学生对课文中的一些对话技巧的把握,帮助学生提高交际能力。在对话阶段,学生也是由提示到完全独立对话。在完全没有提示词的情况下对课文进行再现,训练了学生成段输出的能力,通过给学生一些图片提醒,训练学生的口头表达能力并将学到的知识运用到实际生活会话中的能力。

实践活动一个非常重要的目的在于提升语言能力。实践活动方面我们安排了动手性较强的活动,旨在让学生更多地参与到课堂当中,提高学生的积极性,激发他们的学习兴趣,动手做一些在日后也能够用得着的东西,并且这些方便携带的小物件极具中国文化特色,将来他们回到自己的国家也能够与朋友和家人分享。

尤其是书签的制作,鼓励同学们进行创新,用桂花为原料制作不同规格和内容的书签,发挥了大家的主观能动性。在动手环节结束后,安排了作品展示和介绍的环节,让学生能够在活动与分享中巩固课堂学习的知识,并进一步鼓励学生去发现更多与桂花文化有关的知识,做到了劳逸结合,听课与自学相互促进。

【教学目的】 1. 词汇:学生能够准确掌握生词的意义和用法,尤其对与桂花相关的成语、民间故事等能初步运用。

2. 课文:学生能够理解并记忆课文的内容,用本课所学的语法和词汇基本完整地复述出课文内容。

3. 语法:(1)掌握"把字句"处置式的基本用法。

(2)"象征着……"。

4. 活动:通过教学中的互动等活动环节,能够使学生感受合作的乐趣,培养学生表达和理解的能力,提高学生语言能力,从而激发学生了解并学习中国传统文化的兴趣。

【教室布置】 (1)黑板两侧挂桂花图片。

(2)在教室墙面上贴一些与中秋、嫦娥等相关的故事图片。

(3)在教室里插一些桂花枝条。

【教学时间】 5课时,每课时50分钟,共250分钟

第一课时

桂花是中国人喜欢的一种传统的花卉。一到秋天,苏州城里到处都是桂花的香味。苏州人常常会在院子里种一棵桂花和一棵玉兰,桂花象征着富贵,玉兰象征着高洁,取"金玉满堂"之意。中秋节的时候,桂花开了,一家人坐在桂花树下,大人们给孩子们讲嫦娥奔月、吴刚伐桂的故事,其乐融融。

在苏州的许多食物中,我们也能看到桂花。如桂花糕、桂花汤圆。这些食物因为有了桂花,吃起来甜而不腻,清香可口。苏州人还把桂花收集起来做成桂花酒,在冬至那天品尝。

(一)教师领读课文两遍

(二)生词(1—10)

- 教师行为:微笑注视大家,表情温和。
- 教师引导语:请大家看一下PPT上的生词,跟着老师读一遍。

【打开PPT】

(1) 传统 chuán tǒng

(2) 花卉(书面语,花的总称) huā huì

（3）到处　dào chù
（4）桂花　guì huā
（5）玉兰　yù lán
（6）富贵　fù guì
（7）高洁　gāo jié
（8）金玉满堂　jīn yù mǎn táng
（9）中秋节（中国的传统节日）　Zhōng qiū jié
（10）其乐融融　qí lè róng róng
（11）嫦娥奔月　Cháng é bèn yuè
（12）吴刚伐桂　Wú gāng fá guì
（13）品尝　pǐn cháng
（14）甜而不腻　tián ér bú nì
（15）清香可口　qīng xiāng kě kǒu
（16）取……之意　qǔ……zhī yì

1. 传统

【PPT打出身着旗袍的女子】

教师：大家看，她穿的是什么？

学生：旗袍。（会有部分学生知道并回答）

教师：对，这是旗袍。以前中国女性很喜欢穿旗袍，现在中国还有人穿旗袍吗？

学生：我在饭馆儿看过服务员穿旗袍。

教师：哈哈，是的。在重要的节日里，重要的场合也会有人穿旗袍。因为旗袍是中国的传统服饰。所以，传统就是那些以前就有的，并保留到现在的文化、习惯等。大家知道中国的春节吗？它是不是很久以前就形成了？现在中国人还过春节吗？我们可不可以说"春节是中国的传统节日"？

教师：旗袍是中国传统的服装，春节是中国传统的节日。

学生：旗袍是中国传统的服装，春节是中国传统的节日。

教师：（指着电脑询问）能不能说这是一台传统的计算机？

学生：不能，因为"传统"就是那些以前就有的，并保留到现在的文化、习惯等。

【PPT打出中国结】

教师：同学们这是什么？

学生：（讨论）这是中国结。

教师：很久以前，中国人就喜欢编中国结，把中国结挂在房间里或者挂在自己的身上。现在同学们也能经常看到中国结，中国结是中国一种传统的装饰品。（板书）

学生：中国结是中国一种传统的装饰品。

【对话练习】

教师：金同学（来自韩国），韩国有什么传统食物？这些食物你们现在还经常吃吗？

金钟明：韩国的传统食物是泡菜，韩国人现在还经常吃，每个韩国家庭都有泡菜冰箱。

　　教师：铃木同学（来自日本），日本的传统服装是什么？

　　铃木：日本的传统服装是和服。

　　教师：阿美同学（来自老挝），老挝的传统节日有哪些？

　　阿美：老挝的传统节日有泼水节、开门节、升高节等。

　　教师：玛丽同学（来自美国），美国有什么传统的游戏？

　　玛丽：美国没有传统。（全班大笑）

2. 到处

【常用结构】……到处都是……

【PPT展现圣诞节的时候，住宅、商场、学校、公司等门口张贴着圣诞老人的头像】

　　教师：这可能是什么节日？

　　学生：圣诞节。

　　教师：圣诞节到了，大街上有什么特点？

　　学生：有很多圣诞老人的照片。

　　教师：所以我们可以说"圣诞节到了，大街上到处都是关于圣诞老人的画报"。

　　学生：圣诞节到了，大街上到处都是关于圣诞老人的画报。

【PPT展现国庆期间上海外滩的图片】

　　教师：黄金周的时候，上海的人特别多，你会怎么说呢？

　　学生：黄金周的时候，上海的南京路上到处都是人。

【PPT展现教室里乱七八糟的桌椅】

　　教师：教室里有很多桌子和椅子，放得不整齐，我们可以怎么说？

　　学生：教室里到处都是桌椅。

【完成句子】

　　她妈妈喜欢养花，家里_____五颜六色的花。

　　一到秋天，地上_____黄色的树叶。

　　他的房间很乱，_____书。

　　苏州大学的校园里_____各种各样的猫。

　　中国人喜欢骑电动车，马路上_____大大小小的电动车。

【对话练习】

　　教师：小林同学（来自日本），春天到了，你的家乡的上野公园一定开满了樱花，你会怎么描述上野公园呢？

　　小林：春天到了，上野公园里到处都是樱花。

　　教师：阿美同学（来自老挝），听说你们国家有很多寺庙，是吗？

　　阿美：是的，老挝万象到处都是寺庙。

　　教师：玛丽（来自美国），美国旧金山唐人街有中国商店吗？

玛丽：美国旧金山的唐人街到处都是中国商店。
教师：金同学（来自韩国），你知道苏州有韩国饭店吗？
金钟明：苏州到处都是韩国饭店。
教师：大家看，黑板上是什么？
学生：黑板上到处都是老师写的汉字。

3. 桂花
【PPT展示金桂和银桂的图片，通过花卉的颜色分辨桂花的不同种类】

教师：桂花常见的有两种，一种颜色像金子，叫金桂；一种颜色淡一点儿，叫银桂。桂花的味道很香，一到秋天，苏州到处都是桂花的香味。
学生：一到秋天，苏州到处都是桂花的香味。
教师：桂花花瓣很小，风一吹，很多桂花从树上掉下来，像下桂花雨。
学生：桂花花瓣很小，风一吹，很多桂花从树上掉下来，像下桂花雨。
【出示桂花糕、桂花酒图片】
教师：苏州人喜欢吃桂花糕，喝桂花酒。
学生：苏州人喜欢吃桂花糕，喝桂花酒。

4. 玉兰
【PPT展现一些玉兰花的图片，如果是玉兰花开花的季节，可以带玉兰花的实物给学生观看】

教师：每到春天，大家就能在街上或者在学校里，看到这些美丽的花朵，她们的名字叫玉兰。玉兰花有两种颜色，一种是白色的，叫白玉兰；一种是红色的，叫红玉兰。请大家用"白"、"像"、"香"描述一下玉兰花。

目标语：玉兰花白白的，像一件漂亮的裙子；玉兰花的叶子很大，也很香。

5. 富贵

【PPT上打出比尔·盖茨的图片】

教师：他是谁？他是不是很有钱？

学生：比尔·盖茨。（英文发音）

教师：（教师给出中文名）比尔·盖茨很"富有"。（图片上显示"富"字）

【PPT上打出英国女王的图片】

教师：她是谁？地位怎么样？

学生：英国的女王，伊丽莎白（英文名），地位很高。

教师：女王很高贵。（图片上显示"贵"字）

教师：又有钱又高贵就叫"富贵"。

【PPT上打出桂花的图片完成句子】

金色的桂花是_____的象征。

教师：你们知道，除了桂花，中华文化中还有什么与"富贵"有关？

学生：宝石、丝绸、青铜器。（学生查词典）

6. 金玉满堂

【PPT上打出黄金和玉的照片】

教师：在中国黄金代表富有，玉代表高贵。大家看屋子里堆满了黄金和玉，这说明什么？

学生：说明这个房子的主人很有钱，地位也很高，用一个成语形容就是"金玉满堂"。

7. 高洁

教师：当我们评价一个人很正直，拥有很好的品质，并且能够坚持这种好的品质的时候，我们就认为这种人很高洁。

【PPT打出华盛顿的照片】

教师：大家觉得华盛顿高洁吗？

学生：（讨论）比如说华盛顿，他坚决不连任总统，他没有因为权力和金钱而放弃自己原有的品质，回到自己的庄园过普通人的生活。

【PPT打出屈原的图片】

教师：大家觉得屈原高洁吗？

学生：（讨论）屈原的国王听了坏人的话而不信任他，他为了证明自己而跳江自杀，中国人觉得他高洁。

8. 中秋节

【PPT打出与中秋相关的一些图片，如月亮、月饼等】

教师：这是什么节日？

学生：中秋节。

教师:每年的农历八月十五日就是中国的中秋节。(延伸出对农历的解释,然后让学生看一下手机上的万年历,今天是几号?农历是什么时候?)

【PPT展示一轮圆月下,一家人坐在一起欣赏着月亮,吃着月饼】

教师:中秋节那天的月亮有什么特点?中国人为什么吃月饼?

学生:中秋节那天的月亮特别圆。月饼象征着团圆。

教师:艾利(来自美国),你来中国整整一年了,去年的中秋节你是怎么过的?有没有吃过月饼?你知道苏州最有名月饼是什么吗?

学生:(摇头)还没有。老师,听说中国的月饼有很多种,是吗?

教师:是的,中国的月饼有苏式月饼、广式月饼。苏式月饼最有名的是长发月饼,这种月饼是肉馅儿的。

9. 嫦娥奔月

(PPT展示嫦娥奔月的照片,教师讲述嫦娥奔月的故事)

第二课时

桂花是中国人喜欢的一种传统的花卉。一到秋天,苏州城里到处都是桂花的香味。苏州人常常会在院子里种一棵桂花和一棵玉兰,桂花象征着富贵,玉兰象征着高洁,取"金玉满堂"之意。中秋节的时候,桂花开了,一家人坐在桂花树下,大人们给孩子们讲嫦娥奔月、吴刚伐桂的故事,其乐融融。

在苏州的许多食物中,我们也能看到桂花。如桂花糕、桂花汤圆。这些食物因为有了桂花,吃起来甜而不腻,清香可口。苏州人还把桂花收集起来做成桂花酒,在冬至那天品尝。

(一)教师领读课文两遍

(二)生词(11—16)

- 教师引导语:请大家复习一下PPT展示的词,全班齐读一下。

【打开PPT】

(1) 传统 chuán tǒng

(2) 花卉 huā huì (书面语,一类花的总称)

(3) 到处 dào chù

(4) 桂花 guì huā

(5) 玉兰 yù lán　　(6) 富贵 fù guì
(7) 高洁 gāo jié　　(8) 金玉满堂 jīn yù mǎn táng
(9) 中秋节(中国的传统节日) Zhōng qiū jié　　(10) 其乐融融 qí lè róng róng
(11) 嫦娥奔月 Cháng é bèn yuè　　(12) 吴刚伐桂 Wú gāng fá guì
(13) 品尝 pǐn cháng　　(14) 甜而不腻 tián ér bú nì
(15) 清香可口 qīng xiāng kě kǒu　　(16) 取……之意 qǔ zhī yì

【听写(5~10分钟)】

● 教师引导语:下面请大家再回顾一下上一节课重点讲解的10个词语,然后拿出听写本,进行听写练习。

● 教师行为:切换PPT,开始讲解生词。

10. 吴刚伐桂

(播放一小段吴刚伐桂的动画视频,然后问一些小问题)为什么吴刚要砍桂树?吴刚最后把桂树砍倒了吗?

11. 取……之意

【拿出一个苹果给大家看一下】

教师:在中国,平安夜(圣诞节的前一天晚上)路上到处都是各种各样的苹果,年轻人喜欢把苹果作为礼物送给朋友,知道是为什么吗?

学生:(启发学生从"苹"到"平"联想)平就是平安。

教师:对,平安健康,所以苹果就是希望新的一年平平安安。那我们可以怎么说?平安夜送苹果是取"平安"之意。

学生:平安夜送苹果是取"平安"之意。

教师:在中国,人们通常都很喜欢"8"这个数字,这是因为"8"和"发"的发音差不多。有的人的电话号码和汽车车牌号有多个"8",是为了取"发财"之意。

学生：有的人的电话号码和汽车车牌号有多个"8"，是为了取"发财"之意。

【PPT展示桂花和玉兰】

今天我们课文中出现的句子，一起来完成一下，人们在门前种一棵桂树，一棵玉兰，是为了_____。（提示词：金玉满堂）

【PT展示"年年有余"的年画】

在中国，"鱼"和"余"是同音字。余就是有剩余的意思，画上一个小孩抱着一条鱼，意思就是年年有鱼，这是_____。（提示词：年年有余）

12. 其乐融融

教师：其乐融融是一个成语。融融在这里就是快乐、和谐的样子。

【PPT展示一家人围坐在一起聊天喝茶的照片】

教师：这是一家人，他们在干什么？

学生：一边喝茶，一边聊天。

教师：他们的表情是怎样的？你觉得他们的心情怎么样？

学生：很好。

教师：一家人坐在一起，轻松地、愉快地聊天、喝茶，我们说"这一家人其乐融融"。

学生：这一家人其乐融融。

【完成句子】

(1) 每天晚上，我都和爸爸妈妈一起吃晚饭、聊天，一家人_____。

(2) 来中国一年多了，我认识了很多新的朋友，我们经常坐在一起学习、聊天，_____。

13. 品尝

教师：【拿起一瓶矿泉水，快速喝一口】大家看，我在干什么？

学生：喝水。

教师：(拿起刚泡好的一杯绿茶)大家看，这是什么？

学生：茶。

教师：(慢慢喝一口茶，做出一种回味的表情)我在做什么？

学生：喝茶。

教师：对，我在喝茶。但是大家注意一下我的表情，我只是在喝茶吗？和刚刚喝这瓶水有什么不一样呢？

学生：喝得很慢。

教师：对，我是慢慢地喝这杯茶的，而且我还在想这杯茶是什么味道呢，好不好喝呢？所以当你想认真地感受一种东西的味道时，就可以用品尝。

【PPT展示一个人在品酒的照片】

教师：他在做什么？"他在品尝美酒。"

学生：他在品尝美酒。

【PPT展示一个人在吃大餐的照片】

教师：他在做什么？"他在品尝美食。"

学生：他在品尝美食。

【词语扩展】品尝月饼　欢迎品尝

14．清香可口

【给每个同学发一块桂花糖】

教师：这是苏州的特产桂花糖，请大家品尝一下。

【学生开始品尝】

教师：桂花糖的味道怎么样？大家觉得桂花糖好吃吗？

【学生回答，然后挑选一个反应最强烈的学生让他具体说说感受】

教师：你觉得桂花糖很好吃，对吗？那你就可以说桂花糖很可口。

【准备一瓶香水。让学生先闻一下桂花糖再让学生闻一下香水】

教师：大家觉得桂花糖的香味和香水的香味有什么不同吗？

学生：不一样。（学生不知道用什么词语来回答）

教师：桂花糖是不是有桂花的香味？而且这种香味是不是很淡？香水的味道很浓，是不是？桂花糖的味道就是"清香"。刚才玛丽觉得很好吃，所以我们就可以说"桂花糖清香可口"。

学生：桂花糖清香可口。

（PPT展示韩国蜂蜜柚子茶的广告图片，然后请韩国同学回答）

教师：金钟明，蜂蜜柚子茶的味道怎么样呢？

学生：蜂蜜柚子茶真的清香可口。

（PPT展示火锅的照片）

教师：听说前些日子大家一起去吃了火锅，它清香可口吗？

学生：（讨论然后摇头）火锅的味道很浓。

（互动练习）

教师：大家还能想到哪些食物可以用"清香可口"形容？

学生：蛋糕清香可口。巧克力清香可口。

15．甜而不腻

（PPT展示一瓶蜂蜜）

教师：大家有没有尝试过直接吃蜂蜜？

学生：（回答不一）"吃过"、"没吃过"。

教师：大家如果直接吃蜂蜜，而且一下子吃很多，是不是就会觉得这个蜂蜜太甜了，有点儿不舒服，不想再吃了？这种感觉我们可以把它叫作甜腻。如果把蜂蜜放在水里喝呢？是不是就不会那么甜了，所以我们就说可以"甜而不腻"。

教师：铃木上次从日本带来的点心味道怎么样？

学生：甜而不腻。

（三）布置作业

复习前面两个课时的生词。

第三课时

桂花是中国人喜欢的一种传统的花卉。一到秋天，苏州城里到处都是桂花的香味。苏州人常常会在院子里种一棵桂花和一棵玉兰，桂花象征着富贵，玉兰象征着高洁，取"金玉满堂"之意。中秋节的时候，桂花开了，一家人坐在桂花树下，大人们给孩子们讲嫦娥奔月、吴刚伐桂的故事，其乐融融。

在苏州的许多食物中，我们也能看到桂花，如桂花糕、桂花汤圆。这些食物因为有了桂花，吃起来甜而不腻，清香可口。苏州人还把桂花收集起来做成桂花酒，在冬至那天品尝。

一、教师领读课文两遍

二、"把"字句教学

1. 导入：

教师：要求学生说出来老师进教室后都干了些什么？

学生：老师走进教室后，打开门，拉上窗帘，打开PPT，擦干净黑板。

这一系列动作中国人常这样表达：老师走进教室后，把门打开了，把窗帘拉上了，把PPT打开了，把黑板擦干净了。

教师：这两组句子有什么不同？（引导学生回答"把"）词的顺序有什么变化？

比较：

老师打开了门。　　　老师把门打开了。

老师拉上了窗帘。　　老师把窗帘拉上了。

模仿：

老师打开了PPT。　　_____

老师擦干净了黑板。　_____

2. 练习：

（1）朗读下列句子，试试将下列句子变为"把"字句。

他看完了这部电影。

——他把这部电影看完了。

他做完作业了。

——他把作业做完了。

她已经洗干净了蔬菜。

——她已经把蔬菜洗干净了。

他花光了所有的钱。

——他把所有的钱花光了。

（2）看动作并用"把"字句描述。

动作：教师让阿美从书包里拿出一本汉语书。

学生：阿美把一本汉语书拿出了书包。

教师：阿美，请把汉语书从书包里拿出来。

动作：教师让阿美把书给了杰克。

学生：阿美把汉语书给杰克。

教师：阿美把汉语书给了杰克。

动作：教师让金钟明把黑板擦放在讲桌上。

学生：金钟明把黑板擦放桌子。

教师：金钟明，请把黑板擦放在桌子上。

动作：教师让金钟明把 PPT 关掉。

学生：金钟明把 PPT 关掉。

教师：金钟明，请把 PPT 关掉。/金钟明把 PPT 关掉了。

动作：教师让金钟明把空调关了。

学生：金钟明把空调关。

教师：金钟明，请把空调关了。/金钟明把空调关了。

（3）"把"字句的几个不能忽视的问题。

重点1："把"字前边可以有状语或者能愿动词。

- 风把画刮下来了。（"又"字加进去）

  风又把画刮下来了。

- 你把收音机放在桌子上。（"可以"加进去）

  你可以把收音机放在桌子上。

- 把椅子搬到外边。（"不要"加进去）

  不要把椅子搬到外边。

重点2：否定时否定词放在"把"的前边。

- 风把画刮下来。（"没有"加进去）

  风没有把画刮下来。

- 我把椅子搬到外边去。（"没有"加进去）

  我没有把椅子搬到外边去。

重点3：副词"也"、"都"、"全"等常常放在动词前。

- 他把杯子打碎了。（"也"加进去）

  他把杯子也打碎了。

- 我把椅子搬到外边去了。（"全部"加进去）

  我把椅子全部搬到外边去了。

- 我把钱花光了。（"都"加进去）

我把钱都花光了。

重点4:"把"字句的宾语都是确定的或已经知道的。

- 他把书给我了。

    他把这本书给我了。

    *他把一本书给我了。

重点5:动词不能单独出现,尤其不能出现单音节词。

- 他把书给我

    *他把书给

- 我把钱花了

    *我把钱花

三、"A象征着B"

1. 导入:

教师:同学们,我们每个国家都有自己的国旗,每个国旗都有自己的含义。现在,请每个国家的代表到黑板上画一下你们的国旗,再讲一讲国旗上的图案都表达什么意思。

韩国学生:韩国国旗上的白色是"和平"的意思。

老挝同学:老挝国旗上的红色是"革命"的意思。

美国同学:美国国旗上的红色是"勇气"的意思。

教师用语:刚才同学们说得很好,拿中国的国旗来说,红色让我们想到血,所以中国国旗上的红色就象征着鲜血。"象征",就是用一些具体的、形象的事物代表特定的人或事,以表达真挚的感情和深刻的含义。所以今后同学们介绍自己国家的国旗时,就可以这样说:

韩国国旗上的白色象征着和平。

老挝国旗上的红色象征着革命。

美国国旗上的红色象征着勇气。

2. 练习:

老师板书:
鸽子　　和平
红色　　喜庆
白色　　高洁
乌鸦　　坏运气

教师:请同学们用"象征着"把上面的四组词语连接起来。

学生:鸽子象征着和平。

红色象征着喜庆。

白色象征着高洁。

乌鸦象征着坏运气。

教师:大家可以对比一下,"象征着"的前面和后面的词都有什么特点?(引导学生指出"象征着"前面的词都是具体的名词,而"象征着"后面的词都是抽象的词。)

教师:为了帮助大家的理解,我可以把这几个句子换一种说法,比如:

  鸽子象征着和平。 鸽子是和平的象征。

  现在,请同学们像老师一样,把上面的句子改写一下。

学生:红色象征着喜庆。 红色是喜庆的象征。

  白色象征着高洁。 白色是高洁的象征。

  乌鸦象征着坏运气。 乌鸦是坏运气的象征。

(道具:有珠宝、玫瑰花、电灯、绿色植物图案的卡片)

教师:同学们,老师手上有几张卡片,你们看到这些图会想到什么呢?我们来看一看是不是我们想到的都可以用"象征着"把它们连在一起。

1) 珠宝——财富√ 金钱√ 美丽√ 贵×

教师:好,现在请同学们把正确的句子说出来:

学生:珠宝象征着财富。

  珠宝象征着金钱。

  珠宝象征着美丽。

教师:为什么珠宝可以象征金钱,不能象征"贵"?解释:因为"象征"的前后两个词是要对等的,名词对应名词,动词对应动词。

2) 玫瑰花——爱情√ 浪漫√ 幸福/快乐√ 香味× 求婚×

学生:玫瑰花象征着爱情。

  玫瑰花象征着浪漫。

  玫瑰花象征着幸福/快乐。

教师:因为"求婚"是动词,所以这里不对。而当我们提到玫瑰的时候我们会想到它的香味,但我们不能用象征,因为玫瑰花不能代表它的香味,而玫瑰花可以代表爱情。

3) 电灯——光明√ 科技的进步√ 房子×

学生:电灯象征着光明。

  电灯象征着科技的进步。

教师:因为电灯不代表房子,所以这里不能说"电灯象征着房子"。

4) 绿色植物——希望√ 活力√ 生命√ 健康√ 空气×

学生:绿色植物象征着希望。

  绿色植物象征着活力。

  绿色植物象征着生命。

  绿色植物象征着健康。

3. "A象征着B"句式中需要注意的几个问题。

重点(1):"象征着"多用于书面语,口头比较少。

重点(2):"象征着"和"代表着"的区别。

教师:"象征着"的前后两种事物的关系是很早之前就有的,一般固定。而且带有各个国家和各个民族的风俗。和"代表着"比起来,"象征着"更具典型意义。

重点3:"象征着"前后词语的性质。

教师:"象征着"前面的词是有深刻含义的具体名词,"象征着"后面的词都是"高大上"的抽象名词,后面的词更多的是精神层面的词,如"希望、爱情、好运"。

四、布置作业

1. 造句练习,5句话,要求都是"把"字句。(包括重难点里涉及的知识点)
2. 造句练习,3句话,要求都使用"象征着"句型。(结合自己国家的事物举例)

第四课时

桂花是中国人喜欢的一种传统的花卉。一到秋天,苏州城里到处都是桂花的香味。苏州人常常会在院子里种一棵桂花和一棵玉兰,桂花象征着富贵,玉兰象征着高洁,取"金玉满堂"之意。中秋节的时候,桂花开了,一家人坐在桂花树下,大人们给孩子们讲嫦娥奔月、吴刚伐桂的故事,其乐融融。

在苏州的许多食物中,我们也能看到桂花,如桂花糕、桂花汤圆。这些食物因为有了桂花,吃起来甜而不腻,清香可口。苏州人还把桂花收集起来做成桂花酒,在冬至那天品尝。

(一)复习词汇

- 教师引导语:我们先来复习一下前几节课学习的生词。
- 教师行为:将生词按照教学需要重新排序后,带领同学齐读一遍,再抽读。
- 教师行为:看桂花图片,引出课文。

(二)课文讲解

- 教师引导语:请大家听老师读一遍课文,并思考3个问题:

1. 苏州人常常在院子里种什么树?
2. 人们在什么时候会说嫦娥奔月的故事?
3. 桂花有什么味道?

- 教师行为:教师再读一遍课文,让学生边听录音边找答案,之后回答以上3个问题。
- 教师引导语:大家看到过桂花或者桂花树吗?

苏州人常常在院子里种什么?——桂花、玉兰。(图片:桂花、玉兰)

很好,为什么种桂花树呢?——因为桂花象征着富贵。

- 教师引导语:你们还记得嫦娥奔月的故事吗?

请同学接力复述嫦娥奔月的故事,作为对之前所学词语的复习。

在一位同学复述过以后,请别的同学接着补充。

- 教师引导语:有哪位同学能够告诉我,桂花有什么样的味道?

学生:甜而不腻。

- 教师引导语：大家都回答得非常好。下面跟着老师把这一段读一遍。
- 教师行为：教师领读课文第一段。

  学生朗读课文，教师注意巡视纠音。
- 教师引导语：谁能告诉我，桂花在什么季节开呢？是春天吗？

学生：秋天。

教师：那么秋天还有什么特殊的日子吗？

学生：中秋节。
- 教师行为：教师展示一个院子里有桂花和玉兰的图片，并提出问题：

1. 这是哪里？——苏州人家的院子。

2. 种了什么？——桂花和玉兰。

3. 为什么要种这些树？（根据植物的寓意回答）

回答过程中同样采用接力的形式，相互补充，互助完成。

- 教师行为：再次领读课文前半部分。

  学生朗读课文后半部分，并回答以下问题：

1. 桂花除了闻起来很香，还能做什么？——制作食物。

2. 桂花可以用来制作哪些食物？——桂花糕、桂花汤圆、桂花酒。

3. 你吃过什么跟桂花有关的食物？——桂花糖……
- 教师引导语：大家都回答的非常好。下面跟着老师把这一段读一遍。
- 教师行为：教师领读课文，要求学生要注意语音语调。

  学生朗读课文，教师注意巡视纠音。
- 教师引导语：下面我们把两段课文连起来读一遍。

教师带领学生朗读一遍，教师强调重点词汇。

学生集体齐读一遍。

(三) 课文复述和对话练习

- 教师行为：朗读结束后，教师展示 PPT 的课文提示词，将提示词分成详细提示和简单提示两个层次，每个层次都按"学生集体说—单说"来进行。
- 教师引导语：下面我们先来一个简单地复述课文。

桂花是中国人喜欢的一种传统的_____。一到秋天，苏州城里到处都是_____。苏州人常常会在院子里种一棵_____和一棵_____，桂花_____富贵，玉兰_____高洁，取"金玉满堂"_____。中秋节的时候，桂花开了，一家人坐在_____，大人们给孩子们讲_____、_____的故事，_____。

在苏州的许多_____中，我们也能看到桂花。如_____、_____。这些食物因为有了_____，吃起来甜而不腻，____可口。苏州人还把桂花收集起来做成_____，在冬至那天_____。

● 教师引导语:接下来老师拿掉一些词,大家再来试一下。

_____是中国人_____的一种_____的_____。_____秋天,苏州城里_____是_____。苏州人_____会在_____里种_____和_____,桂花_____,玉兰_____,取"_____"之意。_____的时候,_____开了,一家人坐在_____,_____给_____讲_____、_____的故事,_____。

在_____的_____中,我们_____。如_____、_____。这些食物_____,吃起来_____,_____。苏州人还把_____做成_____,在_____那天_____。

● 教师:同学们完成得非常好。现在老师只用一些图片做提示,请同学分成两组,分别用自己的话介绍课文内容,讨论结束后,每组选一个代表给我们讲讲。

● 教师行为:依次展示图片(桂花、玉兰、种有玉兰和桂花的院子、中秋节、嫦娥奔月、吴刚伐桂、一家人赏月、桂花糕、桂花汤圆、桂花酒)。

● 教师引导语:大家一起都说得非常好,我们下面请两组同学,根据黑板上的提示,用问答的形式来给大家介绍一下桂花。一位同学不知道这些知识,想要了解;另一位呢,做一做小老师来讲解。(括号里是目标词汇,不出现在PPT上)

A:秋天到了,校园里开了很多很香的花。

B:是的。这是(桂花),中国的一种(传统的花卉)。(一到)秋天,(苏州城里到处都会开满桂花。)

A:那你还知道什么关于桂花的东西吗?我很想知道。

B:嗯。苏州人常常在院子里种(一棵桂花和一棵玉兰),取"(金玉满堂)"之意。

A:这是为什么呢?

B:因为桂花(象征着富贵),玉兰(象征着高洁)。

教师引导语:同学们完成得非常好。现在老师只用一些图片做提示,我们再请两组同学分别进行刚刚我们练习的对话。

● 教师行为:依次展示图片(桂花、玉兰、种有玉兰和桂花的院子、中秋节、嫦娥奔月、吴刚伐桂、一家人赏月、桂花糕、桂花汤圆、桂花酒)。

第五课时

桂花是中国人喜欢的一种传统的花卉。一到秋天,苏州城里到处都是桂花的香味。苏州人常常会在院子里种一棵桂花和一棵玉兰,桂花象征着富贵,玉兰象征着高洁,取"金玉满堂"之意。中秋节的时候,桂花开了,一家人坐在桂花树下,大人们给孩子们讲嫦娥奔月、吴刚伐桂的故事,其乐融融。

在苏州的许多食物中,我们也能看到桂花。如桂花糕、桂花汤圆。这些食物因为有了桂花,吃起来甜而不腻,清香可口。苏州人还把桂花收集起来做成桂花酒,在冬至那天品尝。

（一）集体复述课文

（二）实践活动

- 教师引导语：大家学得很快！相信大家对中国的桂花已经有了一定的了解。下面让我们动动手，做两个关于桂花的实践活动。

1. 制作桂花香囊

- 教师引导语：香囊是中国的一种传统配饰，接下来呢，老师会教大家制作桂花香囊，让我们一起动手制作自己的香囊！
- 教师行为：分发桂花干、香囊袋、粗麻细绳给每个学生，教学生制作桂花香囊。
- 教师引导语：大家把面前的桂花干装到布袋子中，然后用绳子系好，桂花香囊就制作好了，平时戴在身上，可以提神醒脑，对身体有益，而且气味也很好。
- 教师行为：检查大家制作的香囊，帮助学生完成制作。
- 教师引导语：大家做得都很不错，这就是中国的香囊。闻一闻，是不是很香呢？大家都做得非常好，下面我们进入最后一个环节。

2. 桂花书签

- 教师引导语：刚刚我们做了桂花香囊，现在我们两人一组，用桂花来做一个平时看书要用的东西——书签。
- 教师行为：分发压扁的桂花干，长方形硬纸片，细小的树枝，胶水至每个学生。示范制作。
- 教师引导语：像老师这样，把小树枝用胶水粘在硬纸片上，然后把桂花干粘在小树枝的旁边，这样像不像一株开了桂花的树枝呢？大家也可以运用别的材料设计自己的书签，设计出有桂花的不同场景，比如我们说到的中秋节呀，吴刚伐桂的故事呀，等等。（此时PPT放出复述课文时候相应的图片供学生参考）
- 教师行为：协助学生完成书签。
- 教师引导语：制作完了自己的香囊和书签，大家也对桂花有了更多的了解，也能够将桂花的香气带给自己的朋友们。

（四）总结

- 教师引导语：做了这些好玩的活动，下面我们请几位同学上来给大家展示一下自己的作品，并且用上我们课文里面学习的词语来给大家说说你为什么这样设计你的作品。
- 教学目标：使学生能够独立运用学习的句型和词汇。

（五）布置作业

1. 预习下一课的生词和课文。

2. 生活中还有很多与桂花有关的成语和故事，同学们回去可以找一些读一读，下一节课我们来交流。有兴趣的同学还可以去街上拍一些桂花的照片，找一些与桂花有关的书籍、食物与我们分享。

（本案编写者：魏肖楠　石涛　陈爽　柳鹏　樊燕）

《折扇》教案

【教学对象】 在中国进行了一年以上汉语沉浸的外国人,具备初级汉语交际和运用能力,学习者对中华文化有浓厚的兴趣,有深入了解中国文化的愿望。

【教学方法】 主题式教学法。

【教学辅助】 多媒体、图片、折扇、毛笔、白纸、竹签、墨水、剪刀、卡片。

【设计思路】 在确定文化主题时,我们的主导思路是寻找外国留学生在中国比较容易接触到的物品,并且有浓郁的中华文化特征。江南是折扇的生产地,外国人在苏州的任何一个旅游集散地都很容易看到做工精美的折扇,同时我们又联想到小时候折扇子的游戏,于是编写了这个折扇制作方法的短课文。折扇是一种用竹木或象牙做扇骨、韧纸或绫绢做扇面的能折叠的扇子,据说明代永乐皇帝十分喜欢折扇,他命令内务府大量制作,并在扇面上题诗赋词,分赠予大臣,折扇从此开始受到文人雅士的追捧,成为一种时尚。折扇的文化意蕴深厚,但留学生在网上查阅相关资料时,受语言水平的限制,可能无法深入,因此我们在借鉴前人研究成果的基础上,对折扇的定义和制作方法都进行了改编,让学生在快乐的游戏活动中对折扇文化有较深入的了解,从而增加对中华文化的认同感。

【教学目的】 1. 文化:了解中国折扇的类型、特点。

2. 词汇语法:通过对词汇和语法的学习运用,扫除课文阅读上的障碍,让学生能够明白并学会描述自制折扇需要的原料、经历的步骤等事项。

3. 活动:掌握自制折扇的方法,能将其步骤准确地用汉语复述出来,并能自己亲手制作出一把属于自己的折扇。

【语言教学重点】 1. 文化词汇"折扇"、"扇面"、"竹签"、"毛笔"、"墨汁";

2. 结果补语和"把"字句处置式。

【课时安排】 5课时,每课时50分钟,共250分钟。

【词汇表】

zhé shàn 1. 折 扇	bù 2. 布	shàn zi 3. 扇 子	shēng huóyòng pǐn 4. 生 活 用 品	tǐ xiàn 5. 体 现
gè xìng 6. 个 性	jīng měi 7. 精 美	zhuāng shì pǐn 8. 装 饰 品	zhì zuò 9. 制 作	máo bǐ 10. 毛 笔

11. mò zhī 墨汁	12. zhú qiān 竹签	13. jiāo shuǐ 胶水	14. jiǎn 剪	15. cháng fāng xíng 长方形
16. fǎn fù 反复	17. duì zhé 对折	18. cháng tiáo 长条	19. tiē 贴	20. gù dìng 固定
21. gǔ jià 骨架	22. shàn miàn 扇面			

第一课时

折扇,是一种用纸或布做成的扇子。在中国古代,人们喜欢在做好的折扇上画画或者写诗,折扇就变得非常漂亮。折扇不仅是一种生活用品,还是一种精美的装饰品。

我们可以用纸自己制作折扇。制作折扇之前,要准备纸、毛笔、墨汁、竹签、胶水等东西。制作方法是:先把纸剪成长方形,再把长方形反复对折成长条;接着从长条中间再对折一次,用胶水连接成扇面;然后把竹签贴在扇面的两边,做成固定扇子的骨架,一把折扇就做好了。最后在扇面上画上你喜欢的画,或者写上你喜欢的字,折扇就更漂亮了。

一、导入新课

教师:大家早上好!今天我们要学习的内容是折扇(教师出示实物),下面我们通过一个视频来了解一下。

【播放一个1分30秒的折扇展览视频,用语较为简练、难度较低,视频清晰度高,内容丰富。】

教师:视频看完了,我们来进行一个视频小问答比赛,看看谁回答得既好又准确。

【视频小问答】 1. 视频里讲了要办一个什么活动?(展览)

2. 展览上展出的都有什么?(扇子)

3. 视频后半段的人在扇子上做了什么?(写字、画画)

4. 在扇子上写字画画你们觉得有意思吗?(有)

5. 你们感觉这些扇子是用什么做的?(用纸做的)

教师:对,是用纸做的。这种用纸做的、在上面画画或写字的扇子,也是中国艺术的一种。大家是不是觉得很好看?接下来请大家拿出学习材料,我们借助课文来一起认识一下这种艺术,之后我们还有机会自己来做这种美丽的扇子。

(每组学生分发一把折扇)

二、教师领读课文两遍

三、生词

【板书】（含拼音）

> zhé shān　duì zhé　shàn miàn
> 折 扇　对 折　扇 面
> zhú qiān　máo bǐ　zhuāng shì pǐn
> 竹 签　毛 笔　装 饰 品
> shēng huó yòng pǐn
> 生 活 用 品

折扇：名词

【展示折扇图片】

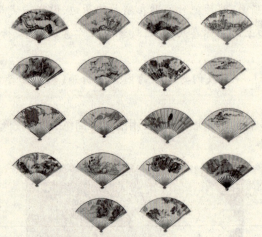

【提问】　1. 你们觉得这种折扇好看吗？

2. 这种扇子的形状有什么共同的特点？

【释义】　"折扇"的名称可以拆分成"折"和"扇"。"折"是动词，"扇"是名词，"折扇"就是可以折起来的扇子。当然，这种扇子可以折，也可以打开。

【说明】　采用动图使学生更能感受折扇的开与合。同时一组分发一把折扇让学生自己把玩，理解折扇的结构和使用方法。体验性教学使学生更易理解，更有兴趣。

折：动词

【释义】　教师再展示一遍动图，示意学生一起做。

边说边做：我们正在把折扇折起来。

【例句】　我会折纸飞机，你们呢？（师生共折）

刚才我们折了很多纸飞机。

洗好的衣服应该折好再放进衣柜。

路边的那朵漂亮的花被人折断了。

折纸是一种很好玩的游戏。

扇面:名词

【释义】 教师拿起一只折扇打开,用手指着扇子对应的地方重复说"扇面"。同类的词还有"桌面"、"墙面"。

【例句】 你的折扇扇面是什么颜色的?

我的折扇扇面是金黄色的。

为什么在要扇面上画画和写字?

在扇面上写字和画画很有意思。

扇面一般是用什么做的?

扇面一般是用布和纸做的。

毛笔:名词

【例句】

画中国画、练习书法的时候要用什么笔?

画中国画、练习书法的时候要用毛笔。

听说你在练毛笔字,写毛笔字难吗?

写毛笔字很难。

写毛笔字的时候还需要什么?

写毛笔字的时候还需要墨汁。

竹签:名词

【释义】 竹签是用来固定扇面的。教师指着折扇上一条一条的竹制的骨架重复说道:"这些是竹签。"

【例句】 竹签有什么作用?

竹签有固定扇面的作用。

生活中你在哪里见过竹签?

我在寺庙里见过竹签。寺庙里的竹签上面有我不认识的字。

品:名词词缀

【释义】 抽象物质名词的总称。与"品"黏合成词的有:生活用品、装饰品、废品、产品、药品、工艺品等。

【例句】 折扇是一种生活用品,也是一种装饰品。

杯子和筷子都是生活用品。

我妹妹的身上有很多装饰品。

灯笼是一种装饰品。

红双喜是一种装饰品。

风筝是一种工艺品。

不用的手机、不穿的衣服都是废品。

工厂里生产的东西叫产品。

药店里都是药品。

四、折扇扇面图案的种类

教师引导语:用毛笔我们就可以在折扇的扇面上画画和写字了。大家注意到了吗?折扇上的图画和文字也有不同种类,老师给大家看几种中国人最喜欢的折扇,以后大家也可以自己买、自己做这些折扇。

【教师展示图片】

提问:第一个扇面上画了什么?

(河水、瀑布)

提问:第二个扇面上画了什么?

(山、树)

提问:有什么共同点?

(画的都是风景)

提问:第一把折扇上画了什么?

(一群人在玩)

提问:第二把折扇画了什么?

(两个少女一站一坐)

提问:有什么共同点?

(画的都是人,不是风景)

提问:这两把折扇上是什么?

(这把折扇上都是我们看不懂的汉字)

【小结】 折扇是一种漂亮的扇子,是用纸和竹签做成的,扇子的扇面上有风景画、人物画和外国人看不懂的汉字。发给大家的折扇就送给同学们了,热的时候大家可以拿出来扇扇风,空闲的时候拿出来欣赏欣赏。

第二课时

折扇,是一种用纸或布做成的扇子。在中国古代,人们喜欢在做好的折扇上画画或者写诗,折扇就变得非常漂亮。折扇不仅是一种生活用品,还是一种精美的有个性的装饰品。

我们可以用纸自己制作折扇。制作折扇以前,要准备纸、毛笔、墨汁、竹签、胶水等材料。制作方法是:先把纸剪成长方形,再把长方形反复对折成长条;接着从长条中间再对折一次,用胶水连接成扇面;然后把竹签贴在扇面的两边,做成固定扇子的骨架,一把折扇就做好了。最后在扇面上画上你喜欢的画,或者写上你喜欢的字,折扇就更漂亮了。

一、教师领读课文两遍

二、复习旧课

教师行为:展示多媒体文件,同时以快速问答形式提问。

注:括号内为学生目标语。

• 教师语言引导:请回答以下几个关于课文的问题。

(1) 图中的物件是什么?(折扇)

(2) 折扇是用什么材料做成的?(纸或布,竹签)

(3) 折扇上是空白的吗?为什么?(中国古代文人经常在折扇上画画或者写诗)

(4) 上一节课老师有教你们做折扇,还记得吗?那么,做一把折扇需要哪些材料和工具呢?(纸、毛笔、墨水、竹签、胶水)

(5) 谁可以简单说一下纸折扇的制作过程?(裁长方形纸片,用同一个宽度反复对折成长条,多余部分进行裁剪。然后,从中间横向折叠,用胶水连接成扇面。最后将竹签贴在两头,做成固定扇子的骨架)

三、学习新课

(一)生词

词汇教学阶段分为四个步骤:听写生词—认读生词—处理生词—从生词过渡到课文。

1. 书写生词

书写内容:个性、精美、剪、反复、制作。

教师行为:要求一位同学上黑板,另外的同学在下面书写。最后随机抽取生词进行默写。

【板书】

> 个性 精美 剪
> 反复 制作

听写完后,老师在黑板上订正学生听写错误,下面学生及时改正自己的错误。

2. 认读单词

教师行为:领读—齐读—分读—点读—齐读。

(1) 第一遍:教师领读,学生跟读;

(2) 第二遍:学生集体朗读一遍;

(3) 第三遍:横向或者纵向朗读;

(4) 第四遍:教师打乱生词顺序,要求学生朗读;

(5) 第五遍:学生集体朗读。
3. 处理生词

个性:名词

很有自己的个人特点。

【展示图片】　这些人穿的衣服怎么样?(有个性)
　　　　　　我们班谁比较有个性?(自由发挥)
　　　　　　你觉得世界上哪些明星有个性?

【集体讨论】　个性是不是奇怪?比如有的人不穿衣服在路上走,是有个性吗?

精美:形容词

【展示折扇图片】　这把折扇是不是跟我送给大家的折扇很不一样?用我们今天学的生词来说就是——(精美)

【例句】　这把折扇非常精美。
　　　　他的手表很精美。
　　　　苹果手机虽然很贵,但是很精美。
　　　　朋友的生日快要到了,我打算送给她一个精美的日记本。

剪:动词

【常用词语组合】　剪头发、剪纸、剪刀

【例句】　你多长时间剪一次头发?
　　　　你们国家剪一次头发多少钱?

剪纸是一种中国艺术,中国人能把红纸剪成各种形状,比如老虎、孩子等。

剪刀有很多种,中国最有名的剪刀北方有"王麻子剪刀",南方有"张小泉剪刀"。

反复:副词

【释义】 一个动作用同样的方法进行很多次。

【例句】 刚才我让你们读了很多遍生词,这样的行为叫作反复地读生词。

为了学会用筷子,我反复练习了很多次。

为了参加汉语演讲比赛,我反复练习了很多次。

老师反复说了很多次以后,我们终于明白了。

制作:动词

【释义】 用人工使原材料成为可以使用的物品,如制作扇子、制作点心、制作服装。

【例句】 制作折扇一点儿都不难。

厨师们把面粉制作成各种各样的点心,好吃又好看。

制作一件旗袍大概需要一周的时间。

母亲节快到了,请大家自己制作一件礼物送给妈妈。

(二)课文

课文教学主要分为三个环节:展示理解—朗读操练—附属表演。课文的教学中,要注重对关键词语的讲解,减少学生理解课文的难度,从而更好地掌握全文。

1. 展示理解课文

教师行为:展示图片,根据课文进行相关内容的提问。

教师引导语:观察图片,听问题并回答问题。

(1) 图片中的人在干什么?(买东西)

(2) 他们买的东西你们觉得熟悉吗?(熟悉,是折扇)

(3) 折扇是由什么东西做成的?是什么样子的?(由纸或布和竹签制作的,可以展开)

(4) 折扇有什么作用呢?(扇风和装饰)

(5) 这个折扇上画的是什么?(花)

(6) 为什么要在折扇上画花鸟?(为了装饰折扇)

【说明】 回答问题环节结束后,进行课文细讲,准备好课文中折扇制作需要的材料和工具,辅以视频和图片文件,带着学生一起具体操作。学生需要回答以下的问题:

(1) 折扇在中国人的生活中起着什么作用?(生活用品和装饰品)

(2) 折扇有文化内涵吗?(有)

(3) 自己制作折扇开始了,你要准备哪些材料?(纸、毛笔、墨水、竹签、胶水)

(4) 制作折扇的主要步骤分别是什么?(裁剪纸张,折叠成条;中间横折,形成扇面;贴上竹签,书写绘画)

(5) 那么现在我们的折扇算是做好了,你们觉得还差什么?(书法、绘画、吊坠皆可)

(6) 你们想为自己的折扇做什么样的装饰?哪些是具有中国传统特色的呢?(学生自由发挥)

【说明】 这些问题的回答有些难度,一个学生很难全部这么精准地回答上来,在实际操作中,根据学生的个人情况加以引导,可以拆分问题多人回答。

2. 朗读操练课文

读课文(共五遍)

(1) 教师带领学生朗读一遍;

(2) 学生集体朗读一遍;

(3) 全班同学分为两组,分两段朗读一遍;

(4) 学生两人一组,分工读一遍;

(5) 学生集体朗读一遍。

教师行为:

朗读结束,教师展示 PPT 课文提示词,帮助学生最大限度地脱离课文。分为第一遍提示和第二遍提示两个层次。每个层次按"学生集体说—单说—齐说"来进行。

第一遍提示词：

> 折扇，是一种用……或……做成的扇子。在中国……，人们喜欢在做好的折扇上……或者……，折扇就变得……。折扇不仅是一种……，还是一种……。
>
> 我们可以用纸……折扇。制作折扇之前，要准备……等东西。制作方法是：先把纸剪成……，再把长方形……；接着从长条中间再……，用胶水连接成扇面；然后把竹签……，做成……的骨架，一把折扇就做好了。最后在……画上你喜欢的画，或者写上……，折扇就更漂亮了。

第二遍提示词：

> 折扇，是一种用……或……做成的扇子。在中国……，人们喜欢在做好的折扇上……或者……，折扇就变得……。折扇不仅是一种……，还是一种……。
>
> 我们可以……。制作折扇之前，……。制作方法是：先……，再……；接着……，用胶水连接成扇面；然后……，做成固定扇子的骨架，一把折扇就做好了。最后在扇面上……，或者……，折扇就……。

（三）复述表演课文

复述阶段：学生5人一组，分别抽取卡片，然后根据卡片上提示的步骤复述纸折扇的制作步骤。

教师行为：1. 将学生分组；
　　　　　2. 让学生抽取卡片选择自己的任务内容。

卡片提示内容：

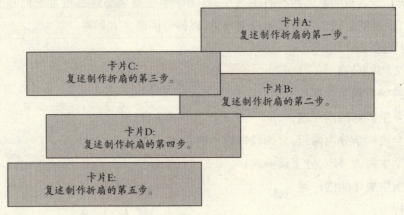

第三课时

折扇，是一种用纸或布做成的扇子。在中国古代，人们喜欢在做好的折扇上画画或者写诗，折扇就变得非常漂亮。折扇不仅是一种生活用品，还是一种精美的有个性的装饰品。

我们可以用纸自己制作折扇。制作折扇以前，要准备纸、毛笔、墨汁、竹签、胶水等东西。制作方法是：先把纸剪成长方形，再把长方形反复对折成长条；接着从长条中间再对折一次,用胶水连接成扇面;然后把竹签贴在扇面的两边,做成固定扇子的骨架,一把折扇就做好了。最后在扇面上画上你喜欢的画,或者写上你喜欢的字,折扇就更漂亮了。

一、集体复述课文

二、结果补语

语法教学部分分为4个步骤:语法的引入和讲解—结果补语练习—"把"字句中的动结式述补结构介绍—活动练习。重要原则为精讲多练,各个步骤的具体方法在以下进行说明:

(一)语法的引入和讲解

1. 导入(2分钟)

教师行为:拿出一张纸,慢慢对折,沿着折痕剪开。

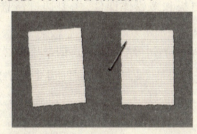

教师引导语:这张纸发生了什么变化?(从一张完整的纸变成了两张纸)

引出目标语:这张纸剪成了两半。

【板书设计】

句式:名词+动词+结果补语

2. 介绍结果补语

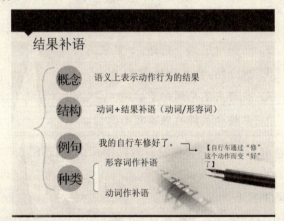

① 结果补语的概念;

② 结果补语的基本结构;

③ 结果补语的基本类型。

④ 关于结果补语的基本语义。

（二）结果补语练习

语法练习使用卡片、小白板和多媒体课件,主要通过情景教学让学生提高口头表达能力。

1. 使用小白板,白板上给出例句(结合课文),请学生连线:
① 做折扇的道具＿＿＿＿＿＿。　　　　（固定住了）
② 纸也＿＿＿＿＿＿长方形。　　　　　（准备好了）
③ 扇子的骨架用竹签＿＿＿＿＿＿。　　（写错了）
④ 最后,一把折扇就＿＿＿＿＿＿。　　（剪成了）
⑤ 可惜的是,折扇上的字＿＿＿＿＿＿。（做好了）

教师行为:请学生上去选择合适的词填空(每一个学生一道题),然后根据例句提示一起复述课文内容。

2. 使用卡片判断对错

教师行为:首先将准备好的卡片发给每一个学生(卡片上语料来自学生平时的偏误)。

> 1. 孩子们看见西瓜就想吃。
> 2. 妈妈听了儿子的话,心里很高兴。
> 3. 听介绍,我就开始参观。
> 4. 我好久不见到她了。
> 5. 老师今天讲的内容我不听懂。

教师行为:请学生注意卡片上的句子,在没有教师提示的情况下初步判断正误,然后把卡片放到一边。

3. 使用多媒体课件图片

PPT上展示与学生日常生活有关的照片,引导让学生用所学句式描述图片情景。

【照片a】:教师语言:玛丽养了一只猫,每天喂给它很多好吃的,这只猫又不喜欢运动,所以它一个月前是这样,现在是这样:

　　　　（一个月前）　　　　　　　　　　　（现在）

我们可以说:这只猫吃胖了。【形容词作结果补语】

【照片b】:教师语言:海莉告诉我她的家乡常常有飓风,很多房子会变成这样:

那么我们可以说:飓风经过的地方,房子都吹倒了。【动词作结果补语】

展示课件,通过引导让学生用所学句式描述图片情景。

图片a:这个花瓶怎么样?碎了。

　　　　（这个花瓶摔碎了。）

图片b:图书馆里人很多,一个座位也没有了。

　　　　（图书馆里坐满了人。）

图片c:这次HSK水平考试你准备得怎么样了?

　　　　（这次HSK水平考试我准备好了。）

图片d:山本想保守这个秘密,但不小心对朋友说了。

　　　　（山本不小心说出了那个秘密。）

图片e:珍妮最近跟男朋友吵架了,男朋友让她很生气,她哭了。

　　　　（珍妮气哭了。）

五个目标句练习完后,请全班学生朗读PPT上的例句。

4. 语义辨析

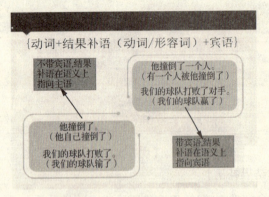 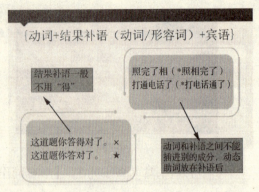

【板书设计】

衣服完了。（×）
衣服洗完了。（√）
今天我吃早饭就去上课了。（×）
今天我吃完早饭就去上课了。（√）

教师说明：

　　动词单用时，大多只表示动作方式而不能表示动作结果，当表示动作完成并且有一定的结果时不能只用单个动词。

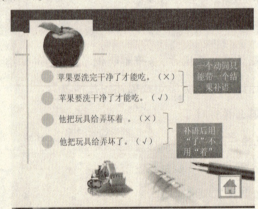

5. 结果补语的否定形式

【板书设计】

　　句式：没／没有 + 动词 + 结果补语（动词/形容词）

【情节设置】

《有哪些人喝醉了？》

　　教师语言：昨天有几个同学一起去酒吧，这里有他们的照片，看看当时有几个人喝醉了？那么其他人呢？他们喝醉了吗？

【找不同游戏】

PPT 展示图片（迈克和安娜是情侣，他们在一起享受快乐的午餐时光）
教师先做示范，然后让学生用所学句式描述左右两边图片的差异。

教师：右边图片中的迈克头发染绿了，
　　　左边图片中的迈克头发没染绿。

学生：右边图片中的西红柿已经变红了，左边图片中的西红柿还没有变红。

学生分组讨论，并派出一个代表上台指出两张图片的不同。

【正误辨析】

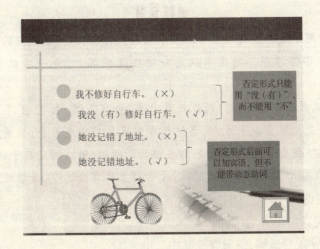

6. 改错练习(4分钟)

请学生拿出之前的卡片,给2分钟时间,再次判断正误并改正,请学生起来回答正确句式,括号内为正确答案。

(1) 孩子们看西瓜就想吃。

(孩子们看见/到西瓜就想吃。)

(2) 妈妈听儿子的话,心里很高兴。

(妈妈听到儿子的话,心里很高兴。)

(3) 听介绍完,我们开始参观。

(听完介绍,我们开始参观。)

(4) 我好久不见到她了。

(我好久没见到她了。)

(5) 老师今天讲的内容我不听懂。

(老师今天讲的内容我没听懂。)

(6) 结果补语与"把"字句结合(把小白板上的例句改成"把"字句):

① 做折扇的道具准备好了。

(把做折扇的道具准备好了。)

② 纸也剪成了长方形。

(把纸剪成了长方形。)

③ 扇子的骨架用竹签固定住了。

(用竹签把扇子的骨架固定住了。)

④ 最后,一把折扇就做好了。

(最后,把一把折扇做好了。)

⑤ 可惜的是,折扇上的字写错了。

(可惜的是,他把折扇上的字写错了。)

第四课时

折扇,是一种用纸或布做成的扇子。在中国古代,人们喜欢在做好的折扇上画画或者写诗,折扇就变得非常漂亮。折扇不仅是一种生活用品,还是一种精美的有个性的装饰品。

我们可以用纸自己制作折扇。制作折扇以前,要准备纸、毛笔、墨汁、竹签、胶水等东西。制作方法是:先把纸剪成长方形,再把长方形反复对折成长条;接着从长条中间再对折一次,用胶水连接成扇面;然后把竹签贴在扇面的两边,做成固定扇子的骨架,一把折扇就做好了。最后在扇面上画上你喜欢的画,或者写上你喜欢的字,折扇就更漂亮了。

一、集体复述课文

二、"把"字句和结果补语结合

1. 语法点的导入与讲解,练习穿插其中。

教师行为:手里拿一把收起的扇子,把扇子展开。

引 导 语:同学们,我的动作让扇子发生了什么变化?(打开了。)

教　　师:我把扇子打开了。

教师行为:再把扇子收起。

引 导 语:现在我的动作又让扇子发生了什么变化?(合上了。)

教　　师:我把扇子合上了。

【例句展示】

(1) 那场恐怖电影把他吓坏了。

(2) 每晚睡觉前我都会把宿舍的门关好。

(3) 我已经把申请书寄走了。

【板书设计】

> "把"字句基本结构:
> 主语(施事)+"把"+宾语(受事)+谓语中心语+结果补语

【模仿练习】

> 你先听艾瑞克把 { 话　说 / 歌　唱 / 故事　讲 } 完/好再走。

【看图造句】

(1) 球迷　嗓子　喊

　　(比赛太精彩了,球迷把嗓子喊坏了。)

(2) 记者　围住

　　(会议结束了,很多记者把王教授围住了。)

(3) 风　吹乱

　　(昨天晚上大风把我刚剪的头发吹乱了。)

(4) 雨　淋湿

　　(今天的大雨把很多没带伞的人都淋湿了。)

2. 把下列句子改成"把"字句。

(1) 我吃完了所有的蛋糕。

　　(我把所有的蛋糕都吃完了。)

(2) 他不小心摔碎了妈妈刚买的碗。

　　(他不小心把妈妈刚买的碗摔碎了。)

(3) 住酒店以前,我填好了住宿登记表。
　　(住酒店以前,我把住宿登记表填好了。)
(4) 大卫手舞足蹈的样子逗笑了我们。
　　(大卫手舞足蹈的样子把我们逗笑了。)
(5) 粗心的珍妮浇死了她养的花。
　　(粗心的珍妮把她养的花都浇死了。)

【重难点讲解】
【板书设计】

- 妈妈干干净净地拖地。　　（×）
- 妈妈把地拖干净了。　　　（○）

教师语言:"干净"是"拖地"这个动作的结果,因此第一句错误。

- 爱华一下子就把汤姆爱上了。　（×）
- 他把说汉语能了。　　　　　　（×）
- 我把这件事忘不了。　　　　　（×）

教师引导语:充当把字句的谓语中心语的动词大多是及物的动作动词,大多和人体的动作有关。

关系动词、表示存在的"有/无"类动词、能愿动词以及趋向动词、可能补语也不能用于把字句。

- 把那本书拿来。　　（×）
- 把两本书拿来。　　（×）

"把"的宾语一般是定指的,是听话人可以理解和确认的。

- 你把正在睡觉的室友别吵醒。　（×）
- 你别把正在睡觉的室友吵醒。　（○）
- 为了考试我愿意把课文背完。　（○）
- 为了考试我把课文愿意背完。　（×）

教师引导语:"把"字句中的助动词、否定副词等一般用于"把"之前,不能用于"把"之后。

练习:下面的句子正确吗? 如果不对,错在哪里?

1. 他把上海去过。

2. 刘德华把自己没当演员。
3. 他把电视不看完不睡觉。
4. 妹妹把能自己的房间收拾整齐。
5. 凯瑟琳把自己的生日蛋糕切好了分给大家吃。

【情景活动】

学期结束了,艾玛下星期要回国了。她和同学丹尼聊起了最近都在忙什么……

下面已经提供了一些关键词语,请同学两两回答时使用部分提供的词语,同时可以自由发挥。

论文

机票

房租

旧书

行李

废旧物品

……

学生分小组自由讨论,之后请几组同学发言。教师听学生的对话,纠正必要的错误,提供必要的提示词,鼓励学生积极发言。如果发现学生的典型错误,向全体学生讲解,并强化正确的用法。

【布置作业】

1. 复习语法

同学两两一组,尝试做一道中国菜并录制过程。根据做菜的过程,用所学的语法知识完成一篇短小的介绍文章,下次上课时一边播放视频一边讲解。

第五课时

折扇,是一种用纸或布做成的扇子。在中国古代,人们喜欢在做好的折扇上画画或者写诗,折扇就变得非常漂亮。折扇不仅是一种生活用品,还是一种精美的有个性的装饰品。

我们可以用纸自己制作折扇。制作折扇以前,要准备纸、毛笔、墨汁、竹签、胶水等东西。制作方法是:先把纸剪成长方形,再把长方形反复对折成长条;接着从长条中间再对折一次,用胶水连接成扇面;然后把竹签贴在扇面的两边,做成固定扇子的骨架,一把折扇就做好了。最后在扇面上画上你喜欢的画,或者写上你喜欢的字,折扇就更漂亮了。

一、复习生词和语法

(一) 在 PPT 上展示生词:

折扇	生活用品	布	长条
个性	精美	扇子	贴
装饰品	制作	体现	固定
毛笔	竹签	墨汁	骨架
剪	反复	胶水	对折
扇面	长方形		

教师带读生词;学生单个读,教师注意纠正读音。

(二) 学生一起进行搭配

1. 我把衣服洗(　　　)。
2. 宿舍里的杯子摔(　　　)。
3. 他修(　　　)电风扇。
4. 我学(　　　)游泳。
5. 食堂里坐(　　　)人。
6. 她撞(　　　)一个人。

(满了、倒了、碎了、干净了、好了、会了)

参考答案:

1. 我把衣服洗干净了。
2. 宿舍里的杯子摔碎了。
3. 他修好了电风扇。
4. 我学会了游泳。
5. 食堂里坐满了人。
6. 她撞倒了一个人。

教师领读搭配好了的句子。

(三) 改错,学生单个回答

1. 书本上的内容我不看懂。

   (书本上的内容我没看懂/看不懂。)

2. 听音乐完,他准备去睡觉。

   (听完音乐,他准备去睡觉。)

3. 看你,我觉得开心极了。

   (看到你,我觉得开心极了。)

4. 她没记错了上课的时间。

   (她没记错上课的时间。/她记错了上课的时间。)

5. 小李把头发染黄。

   (小李把头发染黄了。)

教师领读搭配好了的句子。

二、折扇活动教学

教师引语：相信经过前面几节课的学习，同学们对折扇已经有了初步的了解。那么今天我们就来学习如何制作折扇，让大家都可以拥有一把属于自己的折扇。

（一）学生齐读

首先将纸裁剪成长方形，然后用同一个宽度反复对折成长条，多余部分进行裁剪。第三步，从中间横向折叠，用胶水连接成扇面。最后将竹签贴在两头，做成固定扇子的骨架。如果想要折扇更有个性，可以在扇面上绘画或者写字。这样，一把折扇就做好了。

（二）学生每个人复述折扇制作方法的一个部分（参考 PPT 示图），教师带领复述的学生一同示范如何具体操作（制作材料在上课前分发）

1. 首先将纸剪成长方形。

【说明】因为事先分发的纸张就是长方形，所以就不需要对纸张进行裁剪了。

2. 然后用同一个宽度反复对折成长条，剪掉多余的部分。

教师带领学生进行对折和裁剪。

3. 第三步，从中间横向折叠，用胶水连接成扇面。

教师带领学生进行折叠和粘贴。

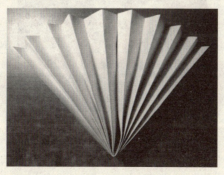

4. 最后将竹签贴在两头,做成固定扇子的骨架。
教师带领学生进行固定。

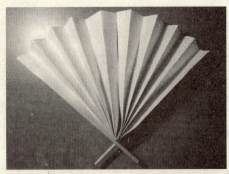

5. 如果想要折扇更有个性,可以在扇面上绘画或者写字。这样,一把折扇就做好了。

6. 在PPT上展示适用于折扇的参考图案和字,让学生自行装饰扇面。
(1) 太极:

(2) 梅花:

(3) 兰花:

(4) 竹子:

(5) 菊花:

(6) 福字:

(三) 请单个学生上台展示自己制作好的折扇,介绍自己扇面上的图案或文字。
(四) 学生复述折扇的制作过程,教师注意纠错。

(本案编写者:刘玮　朱梦云　贡祎　邓珏　吴梦琦　樊燕)

《风筝》教案

【教学对象】 在中国进行了一年以上汉语沉浸的留学生,具备初级汉语交际和运用能力,学习者对中华文化有浓厚的兴趣,有深入了解中国文化的愿望。

【教学方法】 主题式教学法

【教学辅助】 多媒体、图片、小卡片、水果(苹果、香蕉、桃子)、人偶、风筝制作的相关材料、新旧两本书

【设计思路】 在选择文化主题时,正好是三月,当时学校周围的公园里到处都有人放风筝,我们查了一下相关资料,发现这一中国传统工艺历史悠久,外国学生也比较容易接触,就确定以此为题。在编写课文的过程中,遇到了不少困难,一开始课文书面色彩浓厚,生僻词和超纲词太多,后来经过多次反复修改,压缩成了不到两百字的小短文,便于学生记忆。整个案例按照"词汇—句式—课文—活动"的方式行进,充分体现语言与文化有效融合的理念。

【教学目的】 1. 文化:通过学习风筝的历史、风筝的制作过程以及亲身体验放风筝的乐趣,让学生对中国独特的风筝文化有全面的了解。

2. 词汇:掌握重点生词"风和日丽、翩翩起舞、已经、五颜六色、迫不及待、举、牵、松"的词义和用法。

3. 句式:

(1) 掌握表达列举并列事物的句式"有的……有的……还有的……"的格式。

(2) 学会使用"一边……一边……"表示并列关系复句。

(3) 学会用"……像……"简单描写事物。

(4) 区别"越来越……"与"越……越……"并正确使用。

【教学时间】 6课时,每课时50分钟,共300分钟。

【词汇表】

1. 风筝 fēng zheng	2. 风和日丽 fēng hé rì lì	3. 五颜六色 wǔ yán liù sè	4. 翩翩起舞 piān piān qǐ wǔ	5. 已经 yǐ jīng
6. 像 xiàng	7. 燕子 yàn zi	8. 蝴蝶 hú dié	9. 迫不及待 pò bù jí dài	10. 老鹰 lǎo yīng
11. 举 jǔ	12. 牵 qiān	13. 线 xiàn	14. 松 sōng	

第一课时

春天来了,风和日丽,很多人在公园里放风筝。五颜六色的风筝在天空中翩翩起舞。

周末,王中带着儿子王小华去金鸡湖放风筝。湖边的草地上已经有人在放风筝了,天上的风筝也很多,有的像燕子,有的像蝴蝶,还有的像老鹰。

王小华和爸爸一到草地上就迫不及待放起风筝来。王中举着风筝,王小华牵着风筝线,一边跑一边放线,突然王中手一松,风筝就飞起来了,越飞越高,越来越小。

(一)导入

教师:很多人喜欢春天,春天可以做哪些有趣的活动呢?

学生:春天可以爬山、野餐……

(展示图片,引领同学们说出这些活动名称)

教师:下面,请大家欣赏一小段视频,看看视频中的人在春天里做了什么活动?

(播放视频——微动漫《风筝》节选)

(二)教师领读课文两遍

(三)风筝知识小问答

播放《风筝的起源》视频,随后老师组织关于"风筝知识小问答"的竞赛。

道具:铃铛(4个)

比赛要求:将学生分为四组,答题方式为抢答。

    观看视频《风筝的起源》,观看过程中可以进行记录。

    观看完两次之后,抢答开始,想要回答的小组摇晃铃铛。

    回答正确进入下一题,不正确则继续进行抢答。

    答对一题加五分,答错一题扣一分,得分最多的小组获胜。

1. 风筝起源于哪个国家? ( )
   A. 中国   B. 英国

2. 风筝的发明时间是 ( )
   A. 春秋时期   B. 战国时期

3. 风筝的发明者是谁? ( )
   A. 孔子   B. 墨子

4. 什么时候中国人开始用纸来做风筝? ( )

A. 明清时期　　　　　　　　　　B. 隋唐时期

（小注：南北朝时，风筝开始成为传递信息的工具；从隋唐开始，由于造纸业的发达，民间开始用纸来裱糊风筝；到了宋代，放风筝成为人们喜爱的户外活动。）

5. "世界风筝之都"是中国的哪一个城市？　　　　　　　　（　　）
    A. 山东潍坊市　　　　　　　　B. 山东青岛市
6. 风筝在中国古代叫什么？　　　　　　　　　　　　　　（　　）
    A. 鸳鸯　　　　　　　　　　　B. 鸢

（注：古时称为"鹞"，北方称为"鸢"）

7. 最早的风筝并不是玩具，它有什么作用？　　　　　　　（　　）
    A. 军事需要　　　　　　　　　B. 政治需要
8. 唐宋时期，风筝改由什么材料制成？　　　　　　　　　（　　）
    A. 布　　　　　　　　　　　　B. 纸
9. "风筝"的称呼是什么时期形成的？　　　　　　　　　　（　　）
    A. 汉代　　　　　　　　　　　B. 唐代

（小注：唐代晚期，因为有人在风筝上加入了琴弦，风一吹，就发出像弹奏古筝那样的声音，于是就有了"风筝"的叫法。）

9. 最早的风筝问世，是受哪种动物的启发？　　　　　　　（　　）
    A. 鸟　　　　　　　　　　　　B. 鱼
10. 风筝是谁传到西方的？　　　　　　　　　　　　　　　（　　）
    A. 大卫　　　　　　　　　　　B. 马可·波罗
11. 汉代谁利用风筝进行测量？　　　　　　　　　　　　　（　　）
    A. 李白　　　　　　　　　　　B. 韩信

（小注：楚汉相争期间，韩信曾令人制作大型风筝，并装置竹哨弓弦，于夜间漂浮楚营，使其发出奇怪声音，以瓦解楚军士气。）

12. 唐朝时被围困后利用风筝传信而获得胜利的是？　　　（　　）
    A. 张丕　　　　　　　　　　　B. 张丕
13. 风筝的名字起源于哪个朝代？　　　　　　　　　　　（　　）
    A. 宋代　　　　　　　　　　　B. 晚唐/五代
14. 寿星老骑仙鹤是哪位太后让"风筝魏"做的？　　　　（　　）
    A. 慈禧　　　　　　　　　　　B. 慈安
15. 人类最早的飞行器是什么？　　　　　　　　　　　　（　　）
    A. 美国的飞机　　　　　　　　B. 中国的风筝

第二课时

春天来了，风和日丽，很多人在公园里放风筝。五颜六色的风筝在天空中翩翩起舞。周末，王中带着儿子王小华去金鸡湖放风筝。湖边的草地上已经有人在放风筝了，天上的风筝也很多,有的像燕子,有的像蝴蝶,还有的像老鹰。

王小华和爸爸一到草地上就迫不及待放起风筝来。王中举着风筝,王小华牵着风筝线,一边跑一边放线,突然王中手一松,风筝就飞起来了,越飞越高,越来越小。

(一)教师领读课文两遍

(二)生词讲解

> 风和日丽　五颜六色　翩翩起舞　已经　迫不及待　举　牵　松

1. 风和日丽

【释义】　成语,常用来形容春天的天气,风不大,太阳很好,人觉得很舒服。

【PPT出示图片】　以下哪幅图可以用"风和日丽"来描述?

【例句】　今天风和日丽,我们去爬山吧!

上个周末,风和日丽,我和几个朋友一起去了拙政园。

春天来了,风和日丽,女孩子们都穿上了漂亮的裙子。

2. 五颜六色

【释义】　成语,指颜色很多、很好看。

【例句】　春天来了,街上有红花,有绿草,五颜六色,很漂亮。

我喜欢这些五颜六色的铅笔。(出示实物——一盒彩色铅笔)

今天是儿童节,天上有很多五颜六色的气球。(出示图片——一盒彩色气球)

3. 翩翩起舞

【释义】　成语,形容跳舞的样子很好看。

【例句】　一听到好听的音乐,她就会翩翩起舞。

风和日丽,花园里的蝴蝶在翩翩起舞。

晚会开始了,大家翩翩起舞,热闹极了!

4. 已经

【释义】　副词,表示事情完成或时间过去。

【例句】　你来晚了,电影已经结束了。

天已经黑了。

昨天我到学校办公室的时候,王老师已经下班了。

5. 迫不及待

【释义】 成语,形容心情十分急切,急迫得不能等待。

【例句】 我迫不及待地想把这个好消息告诉大家。

今天是情人节,我收到男朋友寄来的礼物后就迫不及待地打开了。

我早上没吃饭,中午一下课就迫不及待地跑到了食堂。

6. 举

【释义】 动词,往上托、往上伸的意思(教师可用动作示意)。

【例句】 现在请大家都把手举起来。

爸爸高兴地把儿子举了起来。(配合图片)

谁能把这张椅子举起来?

7. 牵

【释义】 动词,拉,有"向前"的含义(教师可用动作示意),如牵牛、牵手。

【例句】 马路上车很多,大家要牵好孩子的手。

昨天我看到很多人牵着马走路。

为什么《西游记》里的孙悟空牵着马而唐僧骑着马?

8. 松

【释义】 动词,"放开"的意思,如"松手";"紧"的反义词。

【例句】 我一松手,手里的粉笔就掉在地上了。(结合实际动作)

我和丈夫散步的时候,先拉着手,后来松开了。

我今年六十岁了,牙开始松了,皮肤也开始松了。

(三)选词填空练习

把句子写在黑板上,将生词做成卡片,让学生上台做练习,将卡片贴到相应位置。

1. 小明想要回答问题,就(　　)起了手。(举)
2. 要抓紧我,千万别(　　)手,要不然就会掉下来!(松)
3. 小猴子看见树上的大桃子,就(　　　　)地爬了上去。(迫不及待)
4. 小华(　　)着妹妹的手一起去找妈妈。(牵)
5. 春天,美丽的蝴蝶在花丛中(　　　　)。(翩翩起舞)
6. 一到春天,孩子们就(　　　　)地拿出风筝,把它们高高地放上天空。(迫不及待)
7. 他来晚了,这场足球比赛(　　　)结束了。(已经)
8. 过年时,饭桌上的人们(　　　)着酒杯,互相祝福。(举)
9. 我喜欢春天,喜欢(　　　)的花朵。(五颜六色)

第三课时

春天来了,风和日丽,很多人在公园里放风筝。五颜六色的风筝在天空中翩翩起舞。周末,王中带着儿子王小华去金鸡湖放风筝。湖边的草地上已经有人在放风筝了,天上的风筝也很多,有的像燕子,有的像蝴蝶,还有的像老鹰。

王小华和爸爸一到草地上就迫不及待放起风筝来。王中举着风筝,王小华牵着风筝线,一边跑一边放线,突然王中手一松,风筝就飞起来了,越飞越高,越来越小。

（一）教师领读课文两遍

（二）句式讲解

> 句式:有的……有的……还有的……

【用法说明】 用于多个并列成分的列举。

比如,课文中的句子"有的像燕子,有的像蝴蝶,还有的像老鹰",就是对天空中风筝形象的列举,这些例子一般没有顺序的前后之分,可以调换位置。

【即时操练】

1. 教师:你们都喜欢吃什么水果?

　　学生:A. 喜欢吃苹果　　　B. 喜欢吃香蕉　　　C. 喜欢吃橙子

例句:每个人喜欢吃的水果不一样,有的人爱吃苹果,有的人爱吃香蕉,还有的人爱吃橙子。

2. 教师:你们都喜欢喝什么咖啡?

　　学生:A. 喜欢喝拿铁　　　B. 喜欢喝摩卡　　　C. 喜欢喝卡布奇诺

例句：每个人喜欢喝的咖啡不一样,有的人喜欢喝拿铁,有的人喜欢喝摩卡,还有的人喜欢喝卡布奇诺。

3. 教师:你们都喜欢看什么电影?

　　学生:每个人喜欢的电影都不一样,有的人爱看美国电影,有的人爱看中国电影,还有的人爱看印度电影。

4. 教师:你们都喜欢吃什么菜?

　　学生:每个人喜欢的菜都不一样,有的人爱吃韩国菜,有的人爱吃法国菜,还有的人爱吃日本菜。

5. 选词填空:

| 兔子 | 留园 | 乌龟 | 古筝 | 剪纸 | 拙政园 | 陶瓷 | 猫 | 狮子林 |

1. 苏州的园林吸引了许多游客前来游玩,他们有的去(　　　),有的去(　　　),还有的去(　　　)。

2. 每个人都有自己喜欢的小动物,有的人喜欢(　　　),有的人偏爱(　　　),还有的人喜爱(　　　)。

3. 我们班的同学十分热爱中国传统文化,有的同学学习剪(　　　),有的同学学习弹(　　　),还有的同学学习做(　　　)。

句式：……像……

【释义】 用跟 A 有相似点的 B 来描写或说明 A。

【原文分析】 我们来看看课文中的句子：天上的风筝也很多,有的像燕子,有的像蝴蝶,还有的像老鹰。A 是风筝,B 有三个：燕子、蝴蝶、老鹰,用燕子、蝴蝶、老鹰的样子来描述风筝的样子,说明天上有很多不同的风筝。

【图片展示】

【语法拓展】

1. 天上的月亮像灯笼。
2. 天上的月亮似灯笼。
3. 天上的月亮若灯笼。
4. 天上的月亮犹如灯笼。
5. 天上的月亮仿佛灯笼。

在这里 A 是天上的月亮,B 是灯笼,中间的词"似、若、犹如、好像、仿佛"都是"像"的意思。

【即时操练】

1. 问：苏州大学像什么?
   答：苏州大学像花园。
2. 问：人的眼睛像什么?
   答：人的眼睛像心灵的窗户。
3. 问：年轻人像什么? 老年人像什么?
   答：年轻人像春天,老年人像秋天。

句式：一边……一边……

【用法说明】 强调两件事或多件事同时进行。

【即时操练】

1. 我常常一边吃东西一边看比赛。
2. 我一边写汉字一边听音乐。
3. 我喜欢一边走路一边唱歌。

【趣味游戏】

教师引导语：接下来我们做一个练习，叫作"你来比画我来猜"。

选择六位同学上台，只让他们看到自己接下来要表演的动作，然后进行扮演，可以用手势、动作，不能说话（如果难度太大可以说几个代表性的词语），让班上的同学猜他/她在做什么。

（体会"一边……一边……"的用法）

一边听歌一边做作业；

一边喝茶一边下棋；

一边吃早点一边去上学；

一边看球赛一边呐喊；

一边看书一边写字；

一边喝牛奶一边吃面包。

（三）课堂小练，根据图片造句

1. 有的……有的……还有的……

例：公园里，小朋友们有的吹气球，有的玩玩具，还有的骑自行车。

2. 一边……一边……

例：球迷们一边喝啤酒一边看球赛。

3. ……像……

例:这个房子像一个大南瓜。

第四课时

春天来了,风和日丽,很多人在公园里放风筝。五颜六色的风筝在天空中翩翩起舞。

周末,王中带着儿子王小华去金鸡湖放风筝。湖边的草地上已经有人在放风筝了,天上的风筝也很多,有的像燕子,有的像蝴蝶,还有的像老鹰。

王小华和爸爸一到草地上就迫不及待放起风筝来。王中举着风筝,王小华牵着风筝线,一边跑一边放线,突然王中手一松,风筝就飞起来了,越飞越高,越来越小。

(一) 教师领读课文两遍

(二) 句式讲解

句式:越来越……

【用法说明】 "越来越……"表示的是过了一段时间,事物发生了某些变化。

【即时操练】

1. 请用给出的关键词连成句子。

(1) 随着年龄的增长,王华,漂亮

——随着年龄的增长,王华越来越漂亮了。

(2) 经过整治,河流,干净

——经过整治,河流越来越干净了。

(3) 太阳下山了,天黑

——太阳下山了,天越来越黑了。

2. 在括号里填上合适的形容词。

(1) 风筝飞得越来越(　　)了。(高)

(2) 改革开放以后,中国的发展越来越(　　)了。(快)

(3) 苏州的车越来越(　　),所以道路越来越(　　)了。(多;拥挤)

(4) 去英国留学后,她变得越来越(　　)了。(漂亮)
(5) 这几年北京的雾霾越来越(　　)了。(严重)

3. 完成句子。
(1) 李华以前很胆小,现在_____。
(2) 他每天都练习说汉语,现在_____。
(3) 以前她不爱吃苹果,现在_____。
(4) 我以前跑步不快,现在_____。
(5) 他小时候像女孩子,可现在_____。

【听中国歌说出你听到的句子】
(1) 房子大了电话小了,感觉越来越好;
(2) 假期多了收入高了,工作越来越好;
(3) 商品精了价格活了,心情越来越好;
(4) 天更蓝了水更清了,环境越来越好。

句式:越……越……

【用法说明】 "越+动词(V)/形容词(adj.)+越+动词(V)/形容词(adj.)"表示随着动作的变化,出现了新情况、新变化。

【即时操练】
(1) _____,越_____越喜欢。
例:饺子很好吃,我越吃越喜欢。
(2) _____,越想越_____。
例:我的手机丢了,我越想越伤心。
(3) _____,越_____越好。
例:改革开放以来,人们的生活越过越好
(4) _____,越_____越少。
例:天气热了,人们越穿越少。

第五课时

春天来了,风和日丽,很多人在公园里放风筝。五颜六色的风筝在天空中翩翩起舞。

周末,王中带着儿子王小华去金鸡湖放风筝。湖边的草地上已经有人在放风筝了,天上的风筝也很多,有的像燕子,有的像蝴蝶,还有的像老鹰。

王小华和爸爸一到草地上就迫不及待放起风筝来。王中举着风筝,王小华牵着风筝线,一边跑一边放线,突然王中手一松,风筝就飞起来了,越飞越高,越来越小。

(一)读课文回答问题
1. 王中和王小华是什么关系?
2. 他们要去什么地方?去干什么?

3. 这天天气怎么样?
4. 风筝有哪些形状?
5. 小华和爸爸放的风筝飞起来了吗?
6. 放风筝的时候,谁举着风筝?又是谁牵着线?

(二)复述课文

(PPT呈现提示词;老师引领说一遍,学生集体说一遍;请一位学生说一遍)

(三)课文进阶

准备道具:人偶"爸爸",人偶"儿子",玩具"风筝"。

将同学分小组(每组3人),分角色(爸爸、儿子、风筝),一边做动作,一边练习复述课文内容。

(四)看图片模仿课文说一段话

第六课时

春天来了,风和日丽,很多人在公园里放风筝。五颜六色的风筝在天空中翩翩起舞。

周末,王中带着儿子王小华去金鸡湖放风筝。湖边的草地上已经有人在放风筝了,天上的风筝也很多,有的像燕子,有的像蝴蝶,还有的像老鹰。

王小华和爸爸一到草地上就迫不及待放起风筝来。王中举着风筝,王小华牵着风筝线,一边跑一边放线,突然王中手一松,风筝就飞起来了,越飞越高,越来越小。

(一)组织教学

点名,与大家互动,进入上课状态。

(二)复习旧课

1. 开始带领同学们回顾之前上的课文,老师跟着同学们一起复述,并有意突出重点:"有的……有的……还有的……"、"一边……一边……"、"越来越……"等。

2. 读完课文,PPT再显示出生词表,老师再次强调每一个生词的读音。

3. 开始准备默写词语,并让同学们相互批改,提高学生对于错误的敏感度,使之今后不再写错。

(三)导入新课

在我们学习了这篇课文以后,同学们是不是很想自己做一个风筝,来放风筝呢?那我们今天就来体验一下风筝的制作方法,然后再一起去放风筝。

(四)制作风筝

1. 准备工作:

把同学们分成小组(每组4人),教师示范集体制作风筝。

分发给大家竹篾(每组6条),胶水,小刀,剪刀,画笔,线等材料。

2. 动手制作:

(1)我们把竹篾交叉,在交叉的地方涂上胶水,使得两个竹篾黏在一起。

(2)把竹篾各个点也用竹篾连起来,也靠胶水粘连,做成一个菱形的形状。

(3)我们把先把纸张画上自己喜欢的图案,再在竹篾框架涂上胶水,并把纸贴在框架上。

(4)把线系在竹篾交叉的地方,我们的风筝就制作完成了。

(五)活动实践

风筝做完,教师带领学生一起走出课堂,练习放风筝。

【附录:首次编写的课文】

放风筝

早春三月,风和日丽,小朋友们最开心的事情就是放风筝了。他们满怀憧憬和期待,想象着风筝飞上天后翩翩起舞的样子。

这一天阳光明媚,爸爸带着儿子王小华去放风筝。中央公园的草坪上已经有许多放风筝的人了,五颜六色的风筝点缀着蓝天,有的像展翅的燕子,有的像漂亮的蝴蝶,还有的像威风的老鹰。

小华迫不及待地说着:"爸爸,我们快放风筝吧!这次爸爸举风筝,我来牵着线,可以吗?"

"好呀,这次你来试试。"爸爸微笑着摸摸小华的头,"首先,你逆着风跑,一边跑一边放线,我会跟着你一起;然后,等风筝逐渐鼓满了风,我就松手,你继续跑;最后,我们的风筝就可以飞上天空了。"

"好的,我记住了,爸爸。"小华高兴地点点头。

"那我们开始吧!"爸爸说着已经举起了风筝,小华跑了起来。

爸爸说了声"放",那线一紧一松,风筝就凌空飞起,渐渐高过了树梢。

风筝飞得越来越高,也越来越小,忽然一阵风吹来……

(本案编写者:樊燕、戚悦、霍雨佳、闫思含、顾新宇、张欣如)

《筷子》教案

【教学对象】 在中国进行了一年以上汉语沉浸的留学生,具备初级汉语交际和运用能力,学习者对中华文化有浓厚的兴趣,有深入了解中国文化的愿望。

【教学方法】 主题式教学法、游戏教学法。

【教学辅助】 多媒体、图片、筷子。

【设计思路】 中国人的一日三餐离不开筷子,使用筷子进食曾一度让习惯了刀叉的西方人很不习惯,在文化交际案例中,就发生过著名的"尼克松吃粉条"事件。随着中国文化走向世界,西方人对筷子已不再感到神秘和陌生,很多西方人不但可以熟练地使用筷子,对筷子的起源、筷子的禁忌等文化内容也产生了浓厚的兴趣,但深入探究的动力往往受语言水平的制约而终止。基于这样的原因,我们用尽可能浅显的语言编写课文,以"寓教于乐"为教学理念,采用游戏化教学手段,让留学生在游戏活动中逐步了解筷子的特点和功用、筷子的禁忌,从而更好地掌握中国人的餐桌礼仪。

【教学目的】
1. 掌握与"筷子"相关的文化词汇,掌握课文中的重要句式,并且能够熟练应用。
2. 通过课文的学习,能够理解记忆课文的内容,能运用本课的句式结构基本完整复述课文并尝试交际。
3. 了解与筷子相关的文化,学会中国人基本的餐桌礼仪。

【语言教学重点】 (1) "是……也是……"。
(2) "不仅……而且……"。

【教学时间】 4课时,每课时50分钟,共250分钟。

【词汇表】

kuài zi 1. 筷子	hàn zú 2. 汉族	fā míng 3. 发明	tè sè 4. 特色	jìn shí 5. 进食
gōng jù 6. 工具	rì cháng 7. 日常	zhú 8. 竹	yín 9. 银	shí yòng 10. 实用
jià zhí 11. 价值	shěn měi 12. 审美	měi hǎo 13. 美好	yù yì 14. 寓意	shǐ yòng 15. 使用
jiǎng jiū 16. 讲究	jiāo chā 17. 交叉	chā 18. 插	wǎn 19. 碗	

第一课时

筷子是汉族人发明的一种很有特色的进食工具,也是中国人日常生活中非常重要的生活工具。筷子有竹筷子、木筷子、银筷子等,既有实用价值,又有审美价值。筷子不仅是一种工具,而且具有美好的寓意。另外,使用筷子有很多讲究,比如:筷子不能一长一短,不能交叉,不能插在碗中。

(一) 导入

老师拿着筷子的实物进入教室,跟同学们进行简短的对话。

教师:同学们来到中国有段日子了,大家知道这个是什么吗(举起筷子)?中国人的日常生活中常常能见到它,有的同学回答对了,这是筷子。

教师:今天我们的课文主题就是筷子。

(老师播放了中央电视台公益片《筷子》,让学生通过纪录片感受"筷子"在中国文化中的地位。)

教师:你们对筷子有新的了解了吗?

(二) 领读课文,教师须发音标准,吐字清晰

(三) 重点词汇讲解

1. 进食

解释:吃饭

例句:按时进食是个好习惯。(书面语)

　　　按时吃饭是个好习惯。(口语或书面语)

2. 寓意

解释:借一个事物寄托本意,寄托或蕴含的意旨或意思。

例句:筷子有很多美好的寓意。

　　　塞翁失马的故事寓意很深刻。

3. 讲究

解释:动词,重视,讲求。

例句:我们要养成讲究卫生的好习惯。

　　　中国人讲究"孝顺"。

解释:形容词,精美。

例句:这个房间布置得很讲究。

　　　她吃饭很讲究。

解释:名词,值得注意或推敲的内容。

例句:养花不是一件容易的事,很有讲究。

　　　很多人一起吃饭的时候,座位很有讲究。

(四) 读课文,根据课文内容提问

筷子是什么?

筷子有哪些种类?

筷子有哪些价值?

筷子使用有哪些讲究?

(五)课文内容细读

1. 讲解一下中国汉族:

中国有56个民族,其中汉族人口最多(PPT展示民族分布图)。汉族人的语言是汉语,汉族人的传统服饰是汉服。汉族是上古传说炎帝(或神农氏)与黄帝(或轩辕氏)两个部落的后裔,因此汉族人也被称为"炎黄子孙"。

2. 筷子的审美价值:

筷子不但是汉族人主要的进食工具,还是工艺品。(PPT展示工艺品筷子的图片)

汉语中的筷子还有"快快乐乐"、"快乐成长"、"成双成对"等美好的寓意。"筷子"的"筷"与"快乐"的"快"发音相同,听起来很吉利,所以人们会把做工精美的工艺品筷子作为礼物送给亲朋好友。筷子两根为一双,象征着美好的爱情,有"成双成对"之意,因此也可以作为爱情的信物。

第二课时

筷子是汉族人发明的一种很有特色的进食工具,也是中国人日常生活中非常重要的生活工具。筷子有竹筷子、木头筷子、银筷子等,既有实用价值又有审美价值。筷子不仅是一种工具,而且具有美好的寓意。另外,使用筷子有很多讲究,比如:筷子不能一长一短,不能交叉,不能插在碗中。

(一)教师领读

(二)学生单句多次朗读

(三)学生组合复句多次朗读

(四)学生根据提示词补充课文

筷子是……一种……的……工具,也是中国人……非常重要的……。筷子有……筷子、……筷子、……筷子等,既有……又有……。筷子不仅是一种……,而且具有……。另外,……有很多……,比如:筷子不能……,不能……,不能……。

(五)学生完整地背诵课文

第三课时

筷子是汉族人发明的一种很有特色的进食工具,也是中国人日常生活中非常重要的生活工具。筷子有竹筷子、木头筷子、银筷子等,既有实用价值又有审美价值。筷子不仅是一种工具,而且具有美好的寓意。另外,使用筷子有很多讲究,比如:筷子不能一长一短,不能交叉,不能插在碗中。

(一)集体朗读课文

(二)集体根据提示词补充课文

筷子是……一种……的……工具,也是中国人……非常重要的……。筷子有……筷子、……筷子、……筷子等,既有……又有……。筷子不仅是一种……,而且具有……。另外,……有很多……,比如:筷子不能……,不能……,不能……。

(三) 重点句式操练

句式:是……也是……

"是……也是……"结构是并列复句中的平列关系:分句间表示的几件事情或几个方面并存。

1. 强调新语言点。

提示语:筷子是……也是……。

目的句:筷子是汉族人发明的一种很有特色的进食工具,也是中国人日常生活中非常重要的生活工具。

2. 板书展示答句,板书总结结构。

3. 操练:

(1) 图片+关键词:字典;老师;朋友

　　目的句:字典是我们的老师,也是我们的朋友。

　　图片+关键词:童年;美好;难忘

　　目的句:童年是美好的,也是难忘的。

(2) 板书上面两个句子。

(3) 情景操练,引导学生造句。

　　A. 翻开日历,今天是6月15日,父亲节。

　　目的句:今天是6月15日,也是父亲节。

　　B. 打开电视看到周杰伦的电影,主题曲是他唱的。

　　目的句:周杰伦是一名演员,也是一位歌手。

(4) PPT展示情景操练的标准句。

……

4. 拓展:

既是……也(又)是……

修改原先板书:字典既是我们的老师,也(又)是我们的朋友。

　　　　　　　童年既是美好的,也(又)是难忘的。

　　　　　　　周杰伦既是一位演员,也是一位歌手。

5. 总结:

主语(S) + 既 P_1 + 也(又)P_2

提示语:筷子有哪些价值?

目的语:筷子既有实用价值,又有审美价值。

> 句式:不仅(但)……而且……

"不仅……而且……"结构:连接递进复句,表示一般递进关系。后面分句的意思比前面分句的意思更进一层,一般由少到多,由小到大,由轻到重,由浅到深,由易到难,反之亦可。

1. 强调新语言点。

提示语:筷子不仅……而且……

目的句:筷子不仅是一种工具,而且具有美好的寓意。

2. 板书展示答句,板书总结结构。

3. 操练:

(1) 图片+关键词:女孩;好看;好听

目的句:这个女孩不仅长得很好看,而且唱歌很好听。

(2) 图片+关键词:漂亮;聪明

目的句:她不仅很漂亮,而且很聪明。

(3) 图片+关键词:天空;美丽;闪烁

目的句:天空中不仅有美丽的月亮,而且有闪烁的星星。

……

4. 小游戏:

(1) 准备好事先写好用"不仅……而且……"写成的句子的卡片(两张卡片一个句子,每一张上写一个分句),并打乱顺序。

(2) 把已经打乱顺序的卡片分发到每个学生手中,每人一张。

(3) 拿到"不仅"分句的同学坐到一起,拿到"而且"分句的同学坐在一起。

(4) 连线:"不仅"学生依次读出拿到的句子,由"而且"学生找出对应的句子。

(5) 连好线的同学坐在一起,进行下一个活动。

5. 总结:

提示语:筷子除了是进食工具,还有什么特点?

目的句:筷子不仅是一种工具,而且具有美好的寓意。

(四) 练习对话

运用"是……也是……"、"既……又……"、"不仅……而且"进行对话。

话题:自我介绍或兴趣爱好、介绍朋友或介绍朋友的兴趣爱好、

介绍家乡、介绍喜欢的一道中国菜、介绍中国的一个景点或城市、

介绍你家乡的一种很有特点的物品(钥匙扣、葡萄酒……)

……

第四课时

筷子是汉族人发明的一种很有特色的进食工具，也是中国人日常生活中非常重要的生活工具。筷子有竹筷子、木头筷子、银筷子等，既有实用价值又有审美价值。筷子不仅是一种工具，而且具有美好的寓意。另外，使用筷子有很多讲究，比如：筷子不能一长一短，不能交叉，不能插在碗中。

（一）集体背诵课文

（二）"营救筷王——之'筷'乐英雄"争霸赛

1. 分小组：按照班组总人数平均分配，使每一组人数相等。选出组长，请全组同学共同讨论，用中国饭桌上常出现的物件的名称作为小组名。（如"牙签组"、"筷子组"等。）

2. 介绍活动规则：

本次争霸赛以积分赛为主要形式，共分为三个活动环节、一个颁奖环节。第一个环节是"'筷'问'筷'答"；第二个环节是"'筷'功夫"；第三个环节是"'筷'乐餐桌"；第四个环节是颁奖环节——"谁是'筷'乐英雄"。

情境：勺子帮为了独霸餐桌，将筷子先生绑架了。班上同学们在远渡重洋来中国的路上，发现了勺子帮的阴谋。为了让筷子先生重见光明、重返餐桌，同学们需要做出自己的努力。勺子帮设置了重重关卡，只有将每一个关卡都完美地攻破，筷子先生才能够被营救出来。筷子先生是"'筷'乐城"的君主，营救活动完成后，他会将表现最勇猛的战士册封为"'筷'乐英雄"。

（这里要 DIY 一下筷子先生和勺子帮的动漫形象，每次出现情况时，PPT 都放映相关的情境图片）

3. 活动进行部分：

第一环节"'筷'问'筷'答"：

情境：进入勺子城的时候，被奴役的筷子兵在巡逻。同学们告诉了他营救他们的计划，筷子兵半信半疑，害怕是勺子派来的卧底，因此说道："我要问你们几个专业的问题，你们答对了的话，我就想办法带你们溜进去，一起营救君主！"

任务：设 20 道抢答题，每抢答对一题加 5 分，答错扣 5 分。

第二环节"筷功夫"：

情境：你们走到了一个大石门之前（PPT 展示大石门），门前有一个石盘，盘子上面盛满了饺子。因为长时间的跋山涉水，你们很饿。于是有人想伸手去抓来吃，筷子兵立即制止了，说："这是勺子们设下的陷阱，饺子上面有毒，你们也不可以用手碰。另外，我听说，把石盘上的饺子都弄走以后，再转动石盘，大门就会打开了。所以你们快点用我把饺子都夹走吧！"

任务：各位要在一分钟之内用筷子夹到尽可能多的饺子。

补充：将筷子分发至每位同学手中，教师教同学们如何使用筷子，强调在使用筷子时的关键点以及禁忌。教学完毕后，大家自行练习 3 分钟。练习之后，比赛计时开始。

第三环节"'筷'乐餐厅":

情境:筷子先生终于被营救出来了,为了感谢大家,他邀请大家一起去"'筷'乐城"吃饭庆祝。

任务:每一个小组都要派2~3名代表参加,根据大家在进行角色扮演时所采取的行动是否符合中国人的餐桌礼仪而打分。(教师应当在活动之前列出一张表格,表格上记录出每一个设计的得扣分点。在评分时,以此为参照。)

第四环节"'筷'乐英雄":

情境:筷子先生回到城堡以后,十分感激大家的辛苦付出,决定册封几位表现突出的勇士为"'筷'乐城"的"'筷'乐英雄"。

任务:结算各组积分,得分最高的组获得"'筷'乐英雄"称号及奖品,其他小组根据表现情况,各选出一位"'筷'乐英雄"。

(本案编写者:王伟哲 杨敏 赵文文 王旭 王祎伟 李文钰 樊燕)

《豆腐》教案

【教学对象】 在中国进行了一年以上汉语沉浸的留学生,具备初级汉语交际和运用能力,学习者对中华文化有浓厚的兴趣,有深入了解中国文化的愿望。

【教学方法】 主题式教学法。

【教学辅助】 多媒体、图片、正方体、盆栽、豆腐干、豆腐乳。

【设计思路】 我们选择以中国人餐桌上最常见的食品"豆腐"为主题,从很多外国人特别喜欢并津津乐道的"麻婆豆腐"写起,介绍了豆腐的原料和主要特点,最后指向与豆腐相关的俗语。我们认为,在教学过程中阐释俗语的历史起源是很重要的,更有利于学生理解生词,在具体教学细节的处理上都以此为原则。俗语是中华文化积淀的产物,有特定的含义和用法,一不小心就会出错。比如说"吃豆腐"一词,如果要深究的话,这个词有性骚扰的意味,但真正要说到性骚扰时,我们又不会特地用"吃豆腐"这样一个说法。所以在讲解时将它作为朋友间开玩笑的一个词语来使用,这样不仅方便学生的使用,而且不易出错。每个生词的讲解都注重结合实际生活,将词语放置在恰当的语境下帮助学生应用,力争做到以学生为主,以交际能力培养为教学的终极目标。

【教学目的】
1. 文化:了解与豆腐相关的俗语背后的文化内涵。
2. 词汇语法:通过对词汇和语法的学习运用,扫除课文阅读上的障碍,并对重要句式和词汇能熟练运用。
3. 活动:通过做游戏的方式背诵课文。

【语言教学重点】
1. 文化词汇"心急吃不了热豆腐"、"刀子嘴豆腐心"、"吃豆腐"。
2. 量词"道"、"是……的"、"又……又……"、"受"、"无论是……,还是……,都……"、"常常"。

【课时安排】 5课时,每课时50分钟,共250分钟。

【生词表】

Sì chuān 1. 四川	dòu fu 2. 豆腐	má pó 3. 麻婆	fā míng 4. 发明
yuán liào 5. 原料	nèn 6. 嫩	zhǔ 7. 煮	bàn 8. 拌

续表

9. měi wèi 美味	10. jiàn kāng 健康	11. dòu fu gān 豆腐干	12. dòu fu rǔ 豆腐乳
13. dòu fu nǎor 豆腐脑儿	14. yōu jiǔ 悠久	15. liú chuán 流传	16. sú yǔ 俗语

第一课时

中国四川有一道非常有名的菜叫"麻婆豆腐",是由一个叫"麻婆"的人发明的。"麻婆豆腐"的主要原料是豆腐。豆腐是用大豆做的,刚做好的豆腐又白又嫩,无论是煮汤还是凉拌都很好吃。美味健康的豆腐,价格也非常便宜,因此很受中国人喜爱。豆腐还可以做成很多小吃,如豆腐干、豆腐乳、豆腐脑儿等。中国豆腐的历史特别悠久,早在两千多年前就已经出现了。从古代流传下来的俗语,有不少与豆腐有关,比如人们常说的"心急吃不了热豆腐"、"刀子嘴豆腐心"、"吃豆腐"等。

(一) 导入

【PPT出示一张麻婆豆腐的图片】

教师:这道菜大家吃过或听说过吗?

学生:(部分同学)吃过。

教师:(指定一位吃过的日本同学回答)什么味道?这道菜叫什么?

学生:辣的。马波豆腐。

教师及时表扬学生并示范正确的发音。

(二) 教师领读课文两遍

四川 婆 发明 原料 美味 健康 悠久 出现 大豆 嫩 煮 拌

(三) 生词教学

1. ① 领读。(主要是在小黑板上写生词,给出每个词的拼音,注意学生在发音上的难点和重点)

② 集体认读。(在这个环节,教师可以给予学生恰当的提示,动作或者肢体语言)

③ 轮流认读。(这个步骤可以将拼音去掉,尽量做到每个学生有轮流认读的机会,及时纠正学生发音问题)

2. 词语解释(主要挑几个重点词语解释,其他词语重在认读,拼写):

(1) 四川

四川是中国的一个省份。有谁知道四川在哪里吗?谁能来帮大家从这幅图里把四川找出来呢?(图片展示:拿出一张标有省份的中国地图,贴在黑板上,让学生上来找出四川的位置)

教师:四川菜很有名,除了"麻婆豆腐",你们还知道哪些?
学生:火锅、麻辣烫。
教师:四川在中国的西南,除了好吃的,还有很多好玩儿的地方,你们知道吗?
学生:成都、九寨沟。
教师:四川有一种动物全世界都很有名,这种动物是?(教师给一些提示)
学生:大熊猫。

(2)婆
【释义】 年纪很大的女人。
【填图扩展词语】
老师在黑板上给出一个"婆"字,并将它圈起来,从圆圈外延引出几条线,找同学上去组词。在每条线上写字,这个字与"婆"字组成一个新词。
如图所示:

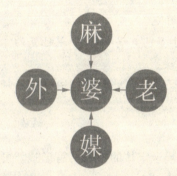

(3)发明
【释义】 以前没有的东西被创造出来。
例:以前没有手机,后来人们发明了手机。
    第一台电脑是在1946年发明的。
    美国的莱特兄弟发明了飞机。
【词义辨析】 用"发现"和"发明"填空。
① 电视是20世纪的重大_____。(发明)
② 辛迪在教室里_____了钱包。(发现)
③ 我们来到苏州以后,_____苏州有许多小河。(发现)
④ 爱迪生_____了电灯。(发明)
⑤ 纸是中国人_____的。(发明)
⑥ 月球上没有人是美国人_____的。(发现)

(4)原料
教师:中国人喜欢吃包子,西方人喜欢吃什么?(教师在黑板图示汉堡)
学生:汉堡包。
教师:(对黑板的汉堡图做分解,指着面包、鸡肉、生菜分别提问)这是什么?

学生：面包、肉、生菜(学生可能不能正确用汉语做答,夹杂英语)。

教师：面包、肉、生菜都是汉堡的原料(板书"原料")。

句子——汉堡的主要原料是面包、生菜和肉。

教师：金同学,韩国泡菜的主要原料是什么?

金子轩：白菜。

句子——韩国泡菜的主要原料是白菜。

教师：罗森,葡萄酒的主要原料是什么?

罗森：葡萄和水。

句子——葡萄酒的主要原料是葡萄和水。

教师：西红柿炒鸡蛋的主要原料是什么?

学生：西红柿炒鸡蛋的主要原料是西红柿和鸡蛋。

(5) 美味

【释义】 食物的味道好,好吃。

教师：杰姆,听说你昨天去星巴克喝咖啡了,星巴克的咖啡好喝吗?

杰姆：星巴克的咖啡很美味。

教师：辛娜,我上课前看到你在吃冰激凌,冰激凌好吃吗?

辛娜：我吃了一个很美味的冰激凌。

(6) 健康

(强调书写,拼音)用图片展示字体的正确书写形式。可以在黑板上按照笔画和笔顺工整地书写这两个字,演示给学生看。

(7) 悠久

【释义】 "悠"是长、远的意思。"悠久"一般用来形容某种事物的年代久远。

【词语搭配】 历史悠久、悠久的历史

【导入】

教师：你们来苏州这么久了,去过苏州的园林吗?

学生：去过。

教师：苏州园林的历史是不是很长?

学生：苏州园林的历史很长。

教师：对,苏州园林历史悠久。

例：中国的历史非常悠久。

印度是一个历史悠久的国家。

豆腐的历史悠久,已经有两千多年了。

(8) 出现

【释义】 显现出来;产生出来,可以是具体事物,也可以是一种现象。

教师：20世纪,有许多像爱迪生、居里夫人、爱因斯坦等有名的人。那么我们可以说：

20世纪出现了好多厉害的人物。

学生：(跟读)20世纪出现了很多厉害的人物。

教师：21世纪呢？

学生：21世纪也出现了很多厉害的人物。

教师：有哪些人呢？

学生：比尔·盖茨(英文)、乔布斯(英文)。

教师：世界上第一台电脑是什么时候出现的？

学生：1946年。

(9) 嫩

教师按照笔画和笔顺工整地书写，以做示范。板书"嫩"

教师：(拿出一盆刚张出嫩芽的小盆栽)你们看到我手里的这盆小植物，怎么来形容呢？

学生：嫩。

教师：非常好。这盆花很嫩。

学生：这盆花很嫩。

教师：小朋友的脸也可以用"嫩"来形容。

学生：小朋友的脸很嫩。

教师：刚刚做好的豆腐也很嫩。

教师：刚刚做好的豆腐很嫩。小朋友的脸很嫩。

学生：刚刚做好的豆腐很嫩。小朋友的脸很嫩。

(10) 煮

【释义】 动词，把东西放在有水的锅里加热让它变熟。

【词语扩展】 煮米饭、煮鸡蛋、煮汤、煮饺子、煮面条

【师生问答】

教师：你煮鸡蛋煮多长时间？

罗森：我煮鸡蛋煮10分钟。

教师：你煮过意大利面吗？多长时间？

朱莉：常常煮，一般煮15分钟。

(11) 拌

【释义】 动词，搅拌，搅和；调匀。

教师：(拿出准备好的水果沙拉，做搅拌东西的动作)你们看，老师在做什么？

学生：老师在做水果沙拉。

老师：是的，老师是怎么做的呢？

学生：(用动作表示)拌。

教师：对，这个动作叫"拌"。中国人夏天喜欢吃拌的菜，也叫"凉拌菜"，中国的凉拌

菜很多,比如凉拌黄瓜、凉拌豆腐、凉拌海带等。(PPT出示图片)

(四)朗读生词并填空

(1)苹果是一种很_____(美味)的水果。

(2)苏州已经2500多岁了,历史_____(悠久)。

(3)每天锻炼身体是一种_____(健康)的生活方式。

(4)妈妈每周都会回去看看外_____(婆)。

(5)近年来韩国_____(出现)了很多美女和帅哥。

(6)爱迪生_____(发明)了电灯。

(7)豆腐是用_____做的。(大豆)

(8)昨天下过雨以后,天上_____了彩虹。(出现)

(9)你看,那个小孩子的脸胖嘟嘟的,好_____啊!(嫩)

(10)大熊猫在中国的_____省。(四川)

第二课时(50分钟)

中国四川有一道非常有名的菜叫"麻婆豆腐",是由一个叫"麻婆"的人发明的。"麻婆豆腐"的主要原料是豆腐。豆腐是用大豆做的,刚做好的豆腐又白又嫩,无论是煮汤还是凉拌都很好吃。美味健康的豆腐,价格也非常便宜,因此很受中国人喜爱。豆腐还可以做成很多小吃,如豆腐干、豆腐乳、豆腐脑儿等。中国豆腐的历史特别悠久,早在两千多年前就已经出现了。从古代流传下来的俗语,有不少与豆腐有关,比如人们常说的"心急吃不了热豆腐"、"刀子嘴豆腐心"、"吃豆腐"等。

(一)教师领读课文两遍

(二)生词教学

| 豆腐干　豆腐乳　豆腐脑　心急吃不了热豆腐　刀子嘴豆腐心　吃豆腐 |

1. 豆腐干

【释义】 也叫豆干。

例：豆腐干美味健康,你一定会喜欢的。

　　豆腐干有白色的,也有黄色的。

　　军人的被子整齐得像豆腐干。

2. 豆腐乳

【释义】　又叫腐乳。被叫作"东方奶酪"。分为红腐乳、白腐乳、青腐乳三种。

例：很多中国人都喜欢吃豆腐乳。

　　有人吃早饭常常把豆腐乳跟馒头搭配在一起。

　　豆腐乳有点儿咸。

3. 豆腐脑儿

【释义】　有的地方叫"豆腐脑儿",有的地方叫"豆腐花"。有甜和咸两种口味。

例：豆腐是豆腐脑儿的主要原料。

　　苏州大学东校区南门口的豆腐脑儿很美味。

【构词法】

豆腐——豆腐干、豆腐乳、豆腐脑儿

土豆——土豆丝、土豆饼、土豆块

鸡蛋——鸡蛋饼、鸡蛋汤

面——面粉、面条、面包

4. 心急吃不了热豆腐

【释义】　俗语,刚做好的豆腐又白又嫩,看起来非常好吃,但是很烫,如果急着品尝的话,就会烫了嘴,所以"心急吃不了热豆腐"意思是"做事不要着急,要有耐心,只有脚踏实地慢慢来,才能取得好结果"。

【情境教学】

(1) 如果你的朋友为了早点儿通过HSK 5级,每天总是很晚睡觉,你可以对他说:"心急吃不了热豆腐,学习得慢慢来。"

(2) 如果你的朋友觉得汉语很难,进步很慢,非常着急和难过,老师可能会对他说:"心急吃不了热豆腐,学习得慢慢来。"

(3) 如果你的朋友最近非常想找一个女朋友,但是没有遇到合适的,你可以对他说:"心急吃不了热豆腐,找对象得慢慢来。"

(4) 如果你受伤了,住在医院里,你想早点回家踢球,医生可能会对你说:"心急吃不了热豆腐,养伤得慢慢来。"

(5) 你的小妹妹希望自己快点儿长大,你可以对她说:"心急吃不了热豆腐,慢慢来。"

5. 刀子嘴豆腐心

【释义】 俗语,用来形容那些说话像刀子一样硬,心肠却像豆腐一样软的人。说话像刀子一样硬,指说话内容和语气容易使别人受伤;心肠像豆腐一样软,指心地好、善良。所以"刀子嘴豆腐心",是指人语言严厉,但内心善良宽容,嘴硬心软。

【情境教学】

(1) 你的妈妈脾气不太好,有时候会批评你,但她非常善良,常常帮助别人,你可以这样形容你的妈妈:我妈妈是个刀子嘴豆腐心。

(2) 你的汉语老师对你要求很严格,你们看见她很害怕,但是当你遇到问题和麻烦的时候,她常常帮助你,你可以这样形容你的汉语老师:我的汉语老师是个刀子嘴豆腐心。

【课堂辩论】

"刀子嘴豆腐心"好不好?

6. 吃豆腐

【释义】 俗语。指男性调戏女性,占女性的便宜(言语或肢体上的)。现在多用在熟悉的异性朋友间开玩笑。

【故事】 在中国古代,家里有人去世了,亲戚朋友前来吊唁。主人要为客人们准备有豆腐的饭菜,所以"吃豆腐"就借指"去丧家吊唁吃饭",也叫吃豆腐饭。有些人不是丧家的亲戚朋友,但是没有饭吃,为了填饱自己的肚子,就借这个机会厚着脸皮去吃饭,后来"吃豆腐"就渐渐有了"占便宜"的意思。随着时间的推移,"吃豆腐"用来专指"男人占女人便宜"。

【情境教学】

1. 如果一个异性朋友不小心碰到了你的胳膊,你可以开玩笑地说:"你吃我豆腐!"
2. 如果你的妹妹轻轻地打了你几下,你也可以开玩笑地说:"别吃我豆腐!"

(三)朗读生词并填空

(1)你慢慢来,别着急,(　　　　　　　)。(心急吃不了热豆腐)

(2)(　　　　　　　)你是喜欢吃甜的还是咸的?(豆腐脑)

(3)你的被子叠得真好,整整齐齐的好像(　　　　　　　)。(豆腐干)

(4)你别太难过,他是(　　　　　　　),并不会真的惩罚你。(刀子嘴豆腐心)

(5)你喜欢吃被称作"东方奶酪"的(　　　　　　　)吗?和西方奶酪相比你更喜欢哪一种呢?(豆腐乳)

第三课时(50分钟)

中国四川有一道非常有名的菜叫"麻婆豆腐",是由一个叫"麻婆"的人发明的。"麻婆豆腐"的主要原料是豆腐。豆腐是用大豆做的,刚做好的豆腐又白又嫩,无论是煮汤还是凉拌都很好吃。美味健康的豆腐,价格也非常便宜,因此很受中国人喜爱。豆腐还可以做成很多小吃,如豆腐干、豆腐乳、豆腐脑儿等。中国豆腐的历史特别悠久,早在两千多年前就已经出现了。从古代流传下来的俗语,有不少与豆腐有关,比如人们常说的"心急吃不了热豆腐"、"刀子嘴豆腐心"、"吃豆腐"等。

(一)教师领读一遍课文,学生朗读一遍课文

(二)语法讲解

1. "道"作为量词的掌握

(PPT出示一张纸、一杯水、一支笔、一盘菜的图片)

量词填空:一(　　)纸　一(　　)水　一(　　)笔

教师:一(　　)菜?

学生:一个菜,一种菜,一盘菜

教师:还有一道菜。

【说明】 "道"作为量词的来历

(1)"道"最初的意思是表示"道路",后来被借作量词使用。

(2)作为量词的"道"一开始用来计量具体的长条形的事物,如一道闪电、一道彩虹等。

(3) 后来又引申为计量抽象的长条形的事物,如一道菜。下图是中国古代的纸,古代的中国人写字的时候是从右往左、从上往下写的,把菜名写在这种纸上,就变成了菜单。写好的菜单每一个菜名看起来都是一条一条的,像道路,所以称为"道"。"道"不能用在具体的菜名前。

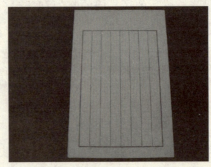

【情境练习】

(某班留学生跟老师一起在中餐厅庆祝圣诞节)

老师:你们一共点了几道菜?

学生:十二道。

(服务员端来了一盘麻婆豆腐)

老师:这是第一道菜,叫麻婆豆腐,是一道四川菜。

学生:老师,可以说"这是第一个菜"吗?

老师:可以,因为这是饭店,"道"更好一点儿。

学生:明白了,我喜欢吃一道麻婆豆腐。

老师:应该说"我喜欢吃麻婆豆腐"。

学生:真的吗?那"一道咕咾肉"、"一道松鼠鳜鱼"也不能说,对不对?

老师:是的。

选词填空(道,个)

(1) 今天我自己做了一(　　)中国菜。

(2) 今天是阿美的生日,阿美的中国朋友为她准备了十几(　　)菜。

(3) 我最喜欢吃西红柿炒鸡蛋,你给我做(　　)西红柿炒鸡蛋吧!

(4) 这是最后一(　　)菜,请您慢用!

2. "是……的"

（1）导入：用两张图片引导学生说出课文中的句子。

教师：第一张图片上的人叫麻婆，第二张图片上的菜叫什么？

学生：叫麻婆豆腐。

教师：麻婆豆腐是谁发明的？

学生：麻婆豆腐是一个叫麻婆的人发明的。

【板书】 这道菜是由一个叫麻婆的人发明的。

（2）"是……的"结构概述。

①"是……的"结构用来强调"是"和"的"中间的部分。

②"是……的"结构用来强调过去已经发生的行为的地方（location）、时间（time）、方式（way）、目的（purpose）等。

③"是"经常出现在谓语前，有时也出现在主语前；"的"经常出现在句尾，有时也出现在谓语动词之后、宾语之前。

a. 如果宾语是一般的名词，可以出现在"的"的前面，也可以出现在"的"的后面。

如：我是吃着鸡蛋饼来学校的。（√）

　　我是吃着鸡蛋饼来的学校。（√）

b. 如果宾语是代词，"的"必须在句子的最后。

如：我是来找她的。（√）

　　我是来找的她。（×）

c. 如果宾语的后面还有"来"或"去"，"的"必须在句子的最后。

如：他们是坐飞机到中国来的。（√）

　　他们是坐飞机到中国的来。（×）

（3）结构：

> 句式：主语+（是）+强调的部分+动词+宾语+的

例：我 是 从北方来 的 。

你 是 什么时候到苏州 的?

我 是 在苏州上 的 大学。★

我 是 二十年以前中学毕业时离开家乡 的。

我 是 骑自行车来 的。

(4) 用"是……的"结构改写句子。

我昨天去上海了。(我是昨天去上海的。)

我爸爸坐出租车去公司了。(我爸爸是坐出租车去公司的。)

我十八岁就结了婚。(我是十八岁结婚的。)

我和我的中国朋友昨天在苏州大学的体育馆打球了。

(我和我的中国朋友昨天是在苏州大学的体育馆打球的。)

(5) 用"是……的"结构完成对话。

老师:罗森,昨天晚上你是几点睡觉的?

罗森:我昨天晚上是十点睡觉的。

老师:朱莉,今天大家几点起床吃早饭的呢?

朱莉:我今天早上是六点半起床吃早饭的。

老师:阿美,昨天下午你是几点钟去图书馆的?

阿美:我是昨天下午两点钟去的图书馆。

3. "又……又……"

导入:

教师:豆腐是什么样子的?(教师提示学生用"又……又……"回答)

学生:豆腐又白又嫩。

教师:这是什么?

学生:法国的埃菲尔铁塔。(可能学生无法说出中文名称)

教师:埃菲尔铁塔怎么样?

学生:埃菲尔铁塔又高又大。

老师：图片里的人在做什么？
学生：他们又唱又跳。

教师：图片上是什么？
学生：席子。
教师：这两条席子好不好？
学生：这两条席子又旧又破。

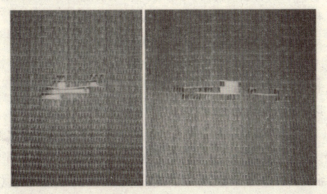

老师：你们喜欢苏州的梅雨天吗？为什么？
学生：不喜欢。因为梅雨天又热又湿。

第四课时（50分钟）

  中国四川有一道非常有名的菜叫"麻婆豆腐"，是由一个叫"麻婆"的人发明的。"麻婆豆腐"的主要原料是豆腐。豆腐是用大豆做的，刚做好的豆腐又白又嫩，无论是煮汤还是凉拌都很好吃。美味健康的豆腐，价格也非常便宜，因此很受中国人喜爱。豆腐还可以做成很多小吃，如豆腐干、豆腐乳、豆腐脑儿等。中国豆腐的历史特别悠久，早在两千多年前就已经出现了。从古代流传下来的俗语，有不少与豆腐有关，比如人们常说的"心急吃不了热豆腐"、"刀子嘴豆腐心"、"吃豆腐"等。

一、学生朗读课文两遍
二、语法讲解
（一）"受"
1. 引入：

(1) 请学生讨论一下这个甲骨文的含义。

(2) 展示并解释甲骨文中的"受"字(中间的表示小船,用于两岸间运送货物;旁边的表示两只手,表示运送与接收。我们学过的"受"就是接受的意思)。

2. 说明及操练:

(1) 回顾课文:美味健康的豆腐,价格也非常便宜,因此很受中国人喜爱。

(2) 用法介绍

A. 通常"受 + 某事(sth.)"含有贬义色彩,表示忍耐某事(sth.),遭受某事(sth.)。某事(sth.)通常是带有贬义色彩的名词或动词。单音节如"苦"、"罪"、"害"、"累"等;双音节如"批评"、"折磨"等,有被动含义,可以与"被"字换用。

选用"受苦、受害、受批评、受累"填空:

昨天晚上的大雨让地里的庄稼_____。(受害)

中国的西部还很落后,西部的孩子因为贫困而_____。(受苦)

不按时完成老师安排的作业就会_____。(受批评)

谢谢你帮我找到我丢的钱包,你_____了。(受累)

B. "(不)/(没有)/(很)/(最)等副词(adv.) + 受 + 喜爱/欢迎/奖励/表扬"。"受"的后面为褒义词,这里的"受"有得到的意思,但仅常见于几个名词"欢迎"、"表扬"和"奖励",也相当于"被","受"和"被"可以换用。也可以分开说"受+(到了)+某人的+喜爱/欢迎/表扬/奖励"。

教师:豆腐又好吃又便宜,所以……

学生:所以很受中国人喜爱。

齐说:豆腐又好吃又便宜,所以很受中国人喜爱。

教师:你们喜欢上语法课么?

学生:(摇头)

教师:看来,语法课不受大家欢迎。

学生:点头。

齐说:语法课不受大家欢迎。

教师:你家餐桌上什么菜最受欢迎?

学生:我家餐桌上麻婆豆腐最受欢迎。

教师:你们认为现在中国的哪个明星最受年轻人欢迎?

学生:我认为周杰伦最受年轻人欢迎。

教师:现在空气污染很严重,所以自行车……

学生：自行车开始受年轻人欢迎了。

教师：你什么时候会受到父母的表扬啊？

学生：我学习成绩好的时候会受到父母的表扬。

【分组活动】 两个同学一组，讨论一下在各自的国家什么最受欢迎。为什么？

(二)"无论是……，还是……，都……。"

1. 导入：

展示图片——凉拌豆腐和麻婆豆腐

凉拌豆腐　　　　　　　　　　　　麻婆豆腐

教师：图片上这两道菜大家认识吗？

学生：麻婆豆腐和……

教师：凉拌豆腐。这两个菜我都喜欢吃。所以可以说"无论是凉拌豆腐，还是麻婆豆腐，都很好吃。"

学生：无论是凉拌豆腐，还是麻婆豆腐，都很好吃。

2. 说明：

(1) 在"无论是……，还是……，都……"这个结构中"无论是＋A，还是＋B"用在有表示选择关系的并列成分里，"都＋结果"与之呼应，表示无论在前面哪种情况下结果都一样。

(2) "无论是＋条件A，还是＋条件B"A与B意义上必须是相似、相近或相互对立的成分，可以是抽象的，也可以是具体的，表示这些可供选择的条件下，结果都是一样的，结果通常为两者的"共同点"。

3. 操练

原句回顾：豆腐是用大豆做的，刚做好的豆腐又白又嫩，，无论是<u>煮汤</u>还是<u>凉拌</u>都很好吃。

(条件A＋条件B＋结果)

① (展示图片)

教师：苏州也有很多小吃，吃过图中这些吗？说说它们是各是什么味道。

学生:苏州有很多小吃,无论是青团子,还是海棠糕,都很甜。

这里面条件 A 是? 条件 B 是? 结果是?

②(展示图片)

教师:知道这是哪里吗? 去过吗? 好不好玩?

学生:北京有很多著名的景点,无论是长城,还是故宫,都很雄伟。

这里面条件 A 是? 条件 B 是? 结果是?

③ 教师:同学们喜欢运动吗?

从上面的图片中选两个你喜欢的运动用"无论是……,还是……,都……"造句,指出其中条件 A,条件 B 和结果各是什么?

学生:无论是打篮球,还是打棒球,我都很喜欢。

④ 教师:同学们知道哪些中国的传统文化?

学生:古诗、书法、国画、京剧、剪纸、武术、中国结等。

教师:用这个句型我们可以说……

学生:无论是学古诗,还是学书法,都很难。

教师:其中条件A、条件B和结果各是什么?

⑤ 教师:我们课文中介绍了关于豆腐的小吃,还记得吗?用这个句型我们可以说……

学生:无论是豆腐乳,还是豆腐脑,都是用豆腐做的。

教师:其中条件A、条件B和结果各是什么?

(三)"常常"

1. 引入:

教师:"豆腐"除了常常出现在中国家庭的餐桌上,还常常出现在?

课文:"豆腐"这个词还常常出现在俗语中,像人们常说的"心急吃不了热豆腐"、"刀子嘴豆腐心"、"吃豆腐"等。

释义:这里的"常常"就是经常的意思。

2. 说明:

(1) 释义"常常"副词(adv.),表示行为、动作发生的次数多。

(2) 结构:

> 句式:某人(S)(副词) + 常常 + 动词(V)

(3) 用于否定结构时:

> 句式:不/没/没有 + 常常 + 动词(V)

3. 操练:

(1) 操练一

老师提问：

① 周末你们常常会做什么呢？（我周末常常去图书馆看书）

② 你们常常怎么来上课呢？（我常常骑自行车来上课）

③ 来中国这么久了，你们想家的时候多么？想家的时候常常会？（我想家的时候常常会给家人打电话）

④ 你们觉得苏州交通怎么样？特别是上下班高峰的时候常常会怎么样？（苏州的交通不方便，特别是上下班高峰的时候常常会堵车）

⑤ 现在很多年轻人都习惯晚睡，你们常常几点睡觉呢？（我常常在晚上十点钟睡觉）

（2）操练二：

接下来两人一组，讨论一下下面两个问题：

① 在你们国家过年的时候有什么习俗吗？那你知道中国过年的时候有哪些习俗吗？（在韩国，过年的时候人们常常做打糕、包馒头、吃团圆饭；在中国，过年的时候人们常常贴对联、放鞭炮）

② 在学习汉语的过程中遇到不认识的字，你常常会怎么做呢？（在学习汉语的过程中遇到不认识的字，我常常会查词典）

（四）综合练习

试用"受"、"无论是……，还是……，都……"、"常常"填空

阿迷非常喜欢学习中国传统文化，＿＿＿＿书法，＿＿＿＿绘画，他＿＿＿＿想学习。周末的时候，他＿＿＿＿会参加书画学习班。他学习非常认真，常常＿＿＿＿老师表扬。他性格开朗，喜欢帮助同学，所以也很＿＿＿＿同学的欢迎。

（答案：无论是 还是 都 常常 受 受）

第五课时（50分钟）

中国四川有一道非常有名的菜叫"麻婆豆腐"，是由一个叫"麻婆"的人发明的。"麻婆豆腐"的主要原料是豆腐。豆腐是用大豆做的，刚做好的豆腐又白又嫩，无论是煮汤还是凉拌都很好吃。美味健康的豆腐，价格也非常便宜，因此很受中国人喜爱。豆腐还可以做成很多小吃，如豆腐干、豆腐乳、豆腐脑儿等。中国豆腐的历史特别悠久，早在两千多年前就已经出现了。从古代流传下来的俗语，有不少与豆腐有关，比如人们常说的"心急吃不了热豆腐"、"刀子嘴豆腐心"、"吃豆腐"等。

一、教师领读课文两遍

二、活动过程讲解

（一）教学对象：十二个学生

（二）活动规则

每一桌的两位同学得到一块豆腐（白色正方体），正方体每一面有一个词语，以 a、b、c、d、e、f 作为同一个正方体上的词语序号。在十二位同学的六个正方体中，相同序号的词语在文章中的顺序是紧邻的，如同桌一的(a. 中国四川)，同桌二的(a. 有一道)和同桌三

的(a.麻婆豆腐)就是文章中第一个句子中的三个词语。按照这个顺序,六个正方体上所有的词语最后可以展示出文章中的大部分重要词语。

老师将词语关系临近的正方体按行或列的方式分发给同学,接着让同学们根据字母序号,挨个念出本桌持有的正方体上的a号词语,老师板书到黑板上,全部a号词语念完后;接着念b号,照此顺序,同学们分次念完各自正方体上的六个词语,最后得到大体的文章结构。念到笔画复杂的字时,可以要求同学到黑板上写出这些词语,比如"豆腐"、"麻婆"、"家庭"、"餐"、"像"、"腐"、"乳"、"嘴"、"像"。

六个正方体上的词语如下,正方体按此顺序分发给座位相邻的同学
1. a. 中国四川　b. 发明　　　c. 餐桌　　d. 大豆　　　e. 还可以　　f. 俗语
2. a. 有一道　　b. 主要原料　c. 受欢迎　d. 又…又…　e. 小吃　　　f. 像
3. a. 麻婆豆腐　b. 豆腐　　　c. 悠久　　d. 非常好　　e. 豆腐干　　f. 常说的
4. a. 这道菜　　b. 传统食品　c. 早在　　d. 无论是……还是……　e. 豆腐乳
   f. 心急吃不了
5. a. 由一个　　b. 既…又…　c. 就　　　d. 很　　　　e. 豆腐脑　　f. 刀子嘴
6. a. 麻婆　　　b. 中国家庭　c. 已经出现 d. 此外　　　e. 常常　　　f. 豆腐

"豆腐"示意图

这一步骤可以帮助同学熟悉记忆课文词语。游戏结束后,教师在黑板上板书如下,括号内的词语可以作为教师引导提示词,邀请持有这些词语的同学来进行填空。

中国四川有一道_____"麻婆豆腐",这道菜_____由一个_____麻婆_____发明_____。_____主要原料_____豆腐,(豆腐)_____传统食品,既____又____,_____中国家庭_____餐桌上_____受欢迎。(豆腐的)_____悠久,早在_____就_____出现_____。_____大豆_____,又_____又_____,_____非常好,无论是_____还是_____很_____。此外,(豆腐)_____小吃,_____豆腐干、豆腐乳、豆腐脑_____。("豆腐")_____常常_____(出现)俗语_____,像_____常说的"心急吃不了_____""刀子嘴_____""_____豆腐"_____。

结束填空后引导同学多念几遍,然后擦掉一些词语,请同学再次进行完成课文。在这一过程完成后增加擦掉的词语的数量,提高难度,词语主要选取生词和语法词语,同时,可以选择难写的字词请同学书写。如"健康"、"嫩"、"煮"、"拌"。

A. _____有一道名菜叫"_____",这道菜是_____叫麻婆的人_____

的。它的_____是_____。_____是中国的_____,_____健康_____美味,在中国_____的_____上很受欢迎。豆腐的历史_____,_____两千多年前就_____出现了。豆腐是用_____做的,_____白_____嫩,口感_____,_____煮汤_____凉拌都_____好吃。_____,豆腐还可以做成很多_____,如豆腐干、_____、豆腐脑儿等。"豆腐"这个词还_____出现在_____中,_____人们常说的"心急吃不了_____""刀子嘴_____"、"_____豆腐"等。

　　B. _____有一道名菜叫"_____",这道菜是_____叫_____的人_____的,它的_____是_____。_____是中国的_____,_____美味,在中国_____的_____上很_____。豆腐的_____,_____两千多年前_____了。豆腐是_____的,_____白_____,口感_____,_____煮汤_____都_____好吃。_____,豆腐_____做成很多_____,如_____、_____、豆腐脑儿等。"豆腐"_____出现在_____中,_____人们常说的"_____"、"_____""_____"等。

　　C. _____叫"_____",_____是_____叫_____的人_____的,它的_____是_____。_____是中国的_____,_____,在中国_____的_____上很_____。豆腐的_____,_____两千多年前_____了。豆腐是_____的,_____,_____,_____都_____好吃。_____,豆腐_____很多_____,如_____、_____、_____等。"豆腐"_____在_____中,_____常说的"_____"、"_____"、"_____"等。

　　三、背诵课文

(本案编写者:侯月　杨夜依　梁秋芬　邱雅婷　陈莹雪　樊燕)

《油条》教案

【教学对象】 在中国进行了一年以上汉语沉浸的留学生,具备初级汉语交际和运用能力,学习者对中华文化有浓厚的兴趣,有深入了解中国文化的愿望。

【教学方法】 主题式教学法

【教学辅助】 多媒体、图片、饼干、橡皮泥

【设计思路】 中国的饮食文化博大精深,中国人讲究"民以食为天"。几千年来,中国社会发生了翻天覆地的变化,很多传统的东西都消失了,不变的是中国的食物,每一种食物都是一段悠久的历史。油条是中国分布最广的一种食物,也是中国人早餐的重要组成元素,外国人来到中国后基本上都可以品尝到这种独特的中国食物,但是油条背后的故事却鲜为人知。我们试图通过课文的编写,让外国学生接触到油条的同时,对其特点及历史有一个初步的了解。但是用浅显的语言讲一个厚重的历史故事,何其不易。为了最终达到让学生背诵的目的,我们设计的课文比较短小,但"麻雀虽小,五脏俱全",小短文中涉及的生词和句式很多。为了在有限的课时内让学生尽快掌握相关用法,我们主要采用以练代讲的方法,让学生在操练中习得。最后的活动课围绕饮食文化和油条展开,让学生在游戏中加深对中华饮食文化的认同感。

【教学目的】
1. 文化:了解油条的特点及其历史渊源。
2. 句式:学生能够掌握"……是……之一"、"动词(V)+ 起来"、"又……又……"、"把"字句、"说起……来"的意义和用法,并在相关语境中恰当使用。
3. 课文:学生能借助提示对所学课文大意进行复述。

【语言教学重点】
1. 词语"传统、取名、当时、越来越"。
2. "是……之一"、"V + 起来"、"又……又……"、"说起……来"、"把"、"既……又……"。

【课时安排】 4课时,每课时50分钟,共200分钟。

【生词表】

yóu tiáo	miàn shí	chuán tǒng	zǎo diǎn	cháng tiáo xíng
1. 油条	2. 面食	3. 传统	4. 早点	5. 长条形

续表

zhà 6. 炸	xiāng 7. 香	cuì 8. 脆	qín huì 9. 秦桧	fū fù 10. 夫妇
niē 11. 捏	hèn zhī rù gǔ 12. 恨之入骨	qǔ míng 13. 取名	dāng shí 14. 当时	jiě hèn 15. 解恨
pián yi 16. 便宜	yuè lái yuè 17. 越来越	yuán huá 18. 圆滑		

第一课时

油条,是一种面食,也是中国传统的早点之一。它是一种长条形的、金黄色的油炸食品,吃起来又香又脆。

说起油条来,还有一个故事。在古代,人们对秦桧夫妇恨之入骨。有个卖早点的人捏了两个面人,一个是秦桧,一个是秦桧的老婆,然后把它们一起放进油锅里炸,取名为"油炸桧"。

当时人们吃"油炸桧"只是为了解恨,但是这种面食既好吃又便宜,所以吃的人越来越多,时间长了,人们就把这种食品叫作"油条"。油条是用油炸的,后来人们就用"老油条"来形容那些做事圆滑的人。

一、教师领读课文两遍

二、组织教学及引入

师生问候,老师询问学生今天的早餐吃了什么,并由此引入课文。

【师生互动】

教师:大家今天都吃早餐了吗?都吃了什么?你们吃过油条吗?

(目标及要求:引导学生谈论早餐食物,指向油条)

三、生词

(一)读生词

(二)生词扩展及讲练

1. 油条

【PPT展示油条的图片】

【释义】 面食的一种,中国人很喜欢的一种早餐食物。

【师生互动】

教师:大家来中国以后,吃过哪些中国菜?觉得中国的菜有什么特点?

学生:中国菜很油腻。(借助词典)

教师:是的,中国菜很油腻,油条也很油腻。你们国家的人一般早饭吃什么?

学生:面包(法国学生回答)、泡菜汤米饭(韩国学生回答)、寿司(日本学生回答)、米粉(老挝学生回答)。

教师：你们的早饭都不油腻。中国人吃油条的时候常常会搭配豆浆，一边喝豆浆，一边吃油条，就不油腻了。

【词语扩展】 油饼、油糕、面条、粉条

2．面食

【释义】 用面粉做的食品的统称。

【师生互动】

【PPT展示面包、面条、包子、馒头等的图片】

教师：图上这些都是什么？它们都是用什么做的？

学生：面包、面条、包子、鸡蛋饼……

教师：鸡蛋饼、面包、面条、包子、馒头、比萨、蛋糕都是用面粉做的食物，都叫面食。你吃过哪些面食？最喜欢的面食是哪一种？

学生：我最喜欢吃意大利面。

教师：油条是面食吗？

学生：是，油条是一种有很多油的面食。（全班大笑）

教师：油条虽然有很多油，但是真的很好吃，大家可以试一试。

3．传统

【词语扩展】 传统食物、传统节日

【互问互答】 （两人一组，相互提问，并记录）

(1) 你们国家有哪些传统节日？

(2) 你们国家有哪些传统食物？

(3) 你吃过中国的传统食物吗？

【问答小结】

韩国的传统节日有春节、端午节、中秋节。

美国的传统节日有圣诞节、万圣节。

老挝的传统节日有新年、高升节、开门节、关门节等，很多。

日本的传统节日有中秋节、盂兰盆节。

石锅拌饭是韩国的传统食物。

啤酒和烤鱼是老挝的传统食物。

粽子是中国的传统食物。

油条是中国传统食物之一。

小笼包是中国的传统食物。

4．早点

【释义】 早餐、早饭。

【师生问答】

教师：什么早点比较健康？

学生：粥。（借助词典）

教师：什么早点比较好吃？

学生：小笼包和鸡蛋饼。

5. 长条形

【释义】 像粉笔、笔这样的东西都是长条形的。

【词语扩展】 圆形、三角形、方形

【师生问答】

教师：还有什么东西是长条形的？

学生：扫地的东西。（学生用动作表示）

教师：对,扫把是长条形的。还有吗？

学生：油条是长条形的。

学生：法国的面包是长条形的。

6. 炸

【释义】 一种制作食物的方法。把食物放在很多加热的油里。

【词语扩展】 油炸食品、炸鸡、炸油条

教师：什么是油炸食品？

学生：薯条是油炸食品。

教师：听说现在韩国的年轻人都喜欢吃炸鸡？

学生：一边吃炸鸡一边喝啤酒,很有意思。

教师：中国的年轻人看了韩剧《来自星星的你》以后,也喜欢喝啤酒吃炸鸡。油条是怎么做的？

学生：油炸的。

7. 香

【释义】 美好的食物的味道。

【师生互动】

教师：新鲜的面包味道怎么样？

学生：很香。

教师：你们为什么喜欢喝咖啡？

学生：很香。

教师：臭豆腐的味道怎么样？

学生：很臭。

教师：中国人觉得臭豆腐很香。

学生：为什么？

教师：因为食物的味道是一种个人的感觉,比如韩国人觉得大蒜很好吃,很香,而苏州人却不喜欢大蒜的味道；中国人觉得香菜很香,外国人却觉得香菜的味道很奇怪。

学生：老师，中国人是不是觉得好吃的东西都叫"香"？

教师：可以这样说吧！

8. 脆

【释义】 "脆"常常用来形容容易断和碎的东西，比如说饼干、刚刚炸好的油条以及新鲜的苹果和萝卜。

教师：我喜欢吃又脆又甜的苹果。你们呢？

学生：我们也喜欢吃又脆又甜的苹果。

教师：饼干打开以后放几天，还脆吗？

学生：不脆了。

9. 秦桧

【正音】

【说明】 秦桧是中国古代的一个很有地位的坏人，他和他老婆干了很多坏事，中国人都很恨他。

10. 夫妇

【释义】 丈夫和妻子。

【词语扩展】 夫唱妇随

11. 恨之入骨

【释义】 （成语）恨到骨头里去。形容痛恨到极点。

教师：我对希特勒恨之入骨，你呢？

学生：我也对希特勒恨之入骨。

教师：我对秦桧夫妇恨之入骨，你呢？

学生：我对我以前的男朋友恨之入骨。

12. 捏

【释义】 用拇指和其他手指夹住。

【动作辅助】 教师用橡皮泥现场演示包饺子捏边的动作。

【词语扩展】 捏住、捏好、捏面人

教师：苏州拙政园的旁边有一个老人很会捏泥人，你们看见过吗？

（学生有的摇头，有的点头）

教师：大家有时间去看看，非常厉害，半个小时就能把你的样子捏出来。

13. 取名

【释义】 给人或物指定一个名称。

【互问互答】 （两人一组，相互提问，并记录）

（1）你养过宠物吗？你给它取名了吗？取了什么名？

（2）给你取名的人是谁？

14. 当时

【释义】 那个时候,用于过去。

【引入】

教师:昨天晚上下雨了你们知道吗?

学生:不知道。

教师:下雨的时候,你在干什么?

学生:下雨的时候,我在睡觉。

教师:(指着那个学生)当时他在睡觉,所以不知道下雨。

【例示】

(1) 昨天晚上宿舍停水了,当时我正在洗澡。

(2) 当时没有电话,人们只能写信。(一百多年前)

【操练】

教师:你什么时候开始学中文的?你当时为什么想学中文?

学生:我当时学中文是因为我喜爱中国文化。

教师:《泰坦尼克号》是什么时候沉没的?当时船上有多少人?

学生:当时船上有一千多人。

15. 解恨

【PPT展示《白雪公主》的图片】

教师:大家知道白雪公主的故事吗?这个故事里的王后是一个非常爱美的人,她恨白雪公主,因为白雪公主是世界上最美的人,所以她为了解恨就把白雪公主毒死了。请大家跟我读:王后为了解恨就把白雪公主毒死了。

学生:王后为了解恨就把白雪公主毒死了。

【PPT展示《猫和老鼠》的图片】

教师:大家有没有看过《猫和老鼠》这部动画片?在这部动画片里,猫总是想抓住老鼠,但是老鼠很聪明,猫总是抓不住它,所以这只猫非常恨这只老鼠,认为只有把它抓住才能解恨。请大家跟我读:汤姆觉得只有抓住杰瑞才解恨。

学生:汤姆觉得只有抓住杰瑞才解恨。

16. 便宜

【引入】

教师:我这个水杯5块钱,大家觉得便宜吗?

学生:非常便宜,在哪儿买的?

【互问互答】 (两人一组,相互提问)

(1) 这件衣服怎么样?(图片:衣服标价100元)

(2) 这本书怎么样?(图片:书标价25元)

(3) 坐火车比坐飞机怎么样?(图片:火车、飞机)

17. 越来越……

【引入】

教师：你们来中国快一年了，觉得自己的中文水平有什么变化？

学生：我们的中文变得越来越好了。

【互问互答】（两人一组，相互提问，并写下来）

(1) 小孩子多吃饭会怎么样？（小孩子多吃饭会越来越高。）(PPT展示小孩子吃饭的图片)

(2) 经常锻炼，身体会怎么样？（身体会越来越好。）

(3) 夏天要到了，天气有什么变化？（天气越来越热了。）

(4) 快到中午了，你的肚子有什么感觉？（肚子越来越饿了。）

(5) 现在苏州有地铁了，交通怎么样？（交通越来越方便了。）

18．圆滑

【释义】 形容一个人很聪明，很会处理人际关系。有贬义色彩。

教师：有个老板很喜欢听好话，为了让老板喜欢，王明不管老板说得是对的还是错的，他都说是对的。这个时候我们可以王明是一个怎样的人？

学生：王明是一个圆滑的人。

四、复习总结生词

第二课时

油条，是一种面食，也是中国传统的早点之一。它是一种长条形的、金黄色的油炸食品，吃起来又香又脆。

说起油条来，还有一个故事。在古代，人们对秦桧夫妇恨之入骨。有个卖早点的人捏了两个面人，一个是秦桧，一个是秦桧的老婆，然后把它们一起放进油锅里炸，取名为"油炸桧"。

当时人们吃"油炸桧"只是为了解恨，但是这种面食既好吃又便宜，所以吃的人越来越多，时间长了，人们就把这种食品叫作"油条"。油条是用油炸的，后来人们就用"老油条"来形容那些做事圆滑的人。

一、教师领读课文两次

二、句式教学

1．……是……之一

【引入】

(PPT展示姚明形象的照片)

教师：同学们知道这是谁吗？有名的篮球运动员。有名的篮球运动员是不是还有很多？所以姚明是世界上有名的篮球运动员之一。

【操练】 (PPT展示彩虹、北京、长城、李小龙、成龙)

(目标：根据图片内容和自己的实际情况说句子)

(1) 北京是中国最有名的城市之一。（北京的图片）

(2) 长城是世界上最著名的建筑之一。（长城的图片）

(3) 李小龙是世界上最著名的功夫大师之一。（李小龙的照片）

(4) 成龙是中国最有名的电影演员之一。（成龙照片）

(5) 红色是彩虹的颜色之一。（彩虹的图片，板书"彩虹"）

2. 动词(V) + 起来

【引入】

教师：同学们觉得今天谁穿的衣服最好看？××同学。所以，这件衣服××同学穿起来很好看。

在黑板上给出可以用在这个形式中的动词：说、听、看、闻、做、读等，让学生根据这些动词和给出图片以及实际情况造句。

【操练】（PPT展示花朵、蛋炒饭；一段恐怖片里的背景音乐）

（目标：根据图片内容和自己的实际情况说句子）

(1) 这朵花看起来很漂亮。（花朵的图片）

(2) 蛋炒饭吃起来很好吃。（蛋炒饭的图片）

(3) 蛋炒饭闻起来很香。（蛋炒饭的图片）

(4) 小说读起来很有趣。（根据学生实情举例）

(5) 上次的作业做起来很难。（根据学生实情举例）

(6) 这段音乐听起来很可怕。（根据恐怖片的背景音乐）

3. 又……又……（形容词并列的用法）

【引入】

教师：××同学，听说最近你交了一个女朋友，你喜欢她吗？为什么？她又可爱又漂亮。

【操练】（PPT展示一只苹果、一位矮瘦的人和一位高胖的人）

（目标：根据图片内容和自己的实际情况说句子）

(1) 蛋炒饭又便宜又好吃。（根据学生实情举例）

(2) 上了一天课，我又累又困。（根据学生实情举例）

(3) 这个苹果又红又大。（根据苹果图片）

(4) 这个人又矮又瘦。（根据图片中的人）

(5) 这个人又高又胖。（根据图片中的人）

(6) 这间教室又大又亮。（根据实际情况举例）

4. "主语(S) + 把 + 宾语(O) + 动词(V) + 进 + …… + 去"

【引入】

教师：同学们看老师的动作（把拿在手里的笔放进包里），笔开始在哪里？（老师手里）后来到了哪里？（老师的包里）位置是不是发生了变化？所以（带着同学一起说）老师把笔放进包里了。注意，"放进"这个动作我已经做完了，所以句子后面要加了一个"了"，表示动作已经完成了。

【操练】

(目标:让同学根据给出的趋向补语和老师给出的语境造句)

(1) 他把鸡蛋放进锅里去了。(根据图片提示)

(2) 我把垃圾扔进垃圾桶去里了。(老师示范动作)

(3) 我把椅子放进教室里去了。(老师示范动作)

(4) 他把铅笔放进文具盒里去了。(老师示范动作)

(5) 她把小鱼放进盆里去了。(根据图片提示)

(6) 他把脏衣服放进洗衣机里去了。(根据图片提示)

(7) 我把大米放进锅里去了。(根据图片提示)

5. 说起……来

【引入】

教师:同学们喜欢哪个明星啊?……所以我们可以说,说起明星来,我最喜欢××。

【操练】

(两人一组,根据问题进行互问互答练习,PPT展示问题,教师巡视并指导)

(1) 你最喜欢吃什么水果?

说起水果来,我最喜欢吃苹果。

(2) 中国春节的历史有多长?

说起春节来,历史可长了。

(3) 听说很多同学来中国以后都买了电动车。

说起电动车来,我就伤心,上周我的电动车丢了。

(4) 听说你爸爸很帅。

说起我爸爸来,我就生气(激动)。

6. 既……又……

【引入】

教师:大家喜欢鸡蛋饼吗?

学生:喜欢。

教师:为什么喜欢?

学生:因为好吃、便宜

教师:大家都喜欢吃鸡蛋饼,因为鸡蛋饼既好吃又便宜。

【操练】

(目标及要求:让学生看图片并根据自己的实际情况说句子。)

(1) 苹果既好吃又有营养。(PPT展示苹果图片)

(2) 蛋糕既好看又好吃。(蛋糕图片)

(3) 和火车相比,高铁既快又舒服。(PPT展示高铁图片)

(4) 老师的水杯既好看又便宜。(根据实际情况举例)

(5) ×××长得既高又瘦。(根据实际情况举例)

第三课时

油条,是一种面食,也是中国传统的早点之一。它是一种长条形的、金黄色的油炸食品,吃起来又香又脆。

说起油条来,还有一个故事。在古代,人们对秦桧夫妇恨之入骨。有个卖早点的人捏了两个面人,一个是秦桧,一个是秦桧的老婆,然后把它们一起放进油锅里炸,取名为"油炸桧"。

当时人们吃"油炸桧"只是为了解恨,但是这种面食既好吃又便宜,所以吃的人越来越多,时间长了,人们就把这种食品叫作"油条"。油条是用油炸的,后来人们就用"老油条"来形容那些做事圆滑的人。

(一)教师领读

教师逐句带读课文,针对学生朗读的有困难的句子,重复操练。

(二)学生朗读

学生集体读课文,教师适时提醒、纠正错误。

(三)分段朗读

以计时竞赛的方式让学生分段朗读课文。

(四)思考题

根据课文内容回答问题。

1. 油条是什么形状的?(长条形)

2. 油条吃起来怎么样?(又香又脆)

3. 油条的故事和谁有关?(秦桧夫妇)

4. 以前人们为什么吃"油炸桧"?(为了解恨)

5. 这种面食怎么样?(这种面食既好吃又便宜)

6. 什么是"老油条"?(做事圆滑的人)

(五)将课文补充完整

学生根据课文将下面两段话补充完整。

……是一种面食,也是……的早点之一。它是一种长条形的、金黄色的……,……又香又脆。

说起油条来,……。在古代,人们对秦桧夫妇……。有个卖早点的人……,一个是……,一个是……,然后把它们一起放进油锅里炸,……"油炸桧"。

……只是为了解恨,但是……既好吃又便宜,……吃的人越来越多,时间长了,……叫作"油条"。……是用油炸的,后来人们就用……来形容那些做事圆滑的人。

油条,是一种的……,也是中国……。它是一种……食品,吃起来……。

……,还有一个故事。在古代,人们对……恨之入骨。有个卖早点的人捏了两个面人,一个是秦桧,一个是他的老婆,然后……,取名为……。

当时……只是为了……,但是这种面食……,所以……,时间长了,人们……。油条是……,后来人们……来形容……的人。

（六）老师带领学生一起复述课文

（七）同学分段复述课文

（八）根据提示词复述课文

（九）背诵课文

第四课时

油条,是一种面食,也是中国传统的早点之一。它是一种长条形的、金黄色的油炸食品,吃起来又香又脆。

说起油条来,还有一个故事。在古代,人们对秦桧夫妇恨之入骨。有个卖早点的人捏了两个面人,一个是秦桧,一个是秦桧的老婆,然后把它们一起放进油锅里炸,取名为"油炸桧"。

当时人们吃"油炸桧"只是为了解恨,但是这种面食既好吃又便宜,所以吃的人越来越多,时间长了,人们就把这种食品叫作"油条"。油条是用油炸的,后来人们就用"老油条"来形容那些做事圆滑的人。

（一）学生集体朗读课文

（二）课堂活动

分组：全班同学分为两组,每组10人,分为A、B组进行比赛。

环节一：避七报数

全班同学围在一起报数,第一个人可以从任意1—10中报一个数,比如说按顺时针报数,第一个人报了2,那么下一个报3,依次往下报,不过逢以7为尾数的数字和7的倍数的数字,那个人就必须报"油条",下一个人要迅速接上下一个数字,没有及时接上数字的人就输了。报数到100,游戏结束。统计各小组成员的错误率,错误率低的小组加5分。

环节二：条条有"礼"

1. 题目内容：关于中国传统文化的相关知识,题目形式为问答、单选、多选。

2. 游戏规则：抢答问题,30秒内答题正确的加五分,错误减五分。

（1）请问你怎么称呼爸爸的妈妈？（奶奶）

（2）请问你怎么称呼爸爸的妈妈的老公？（爷爷）

（3）请问中国人在端午节时会吃什么？（粽子）

（4）请问中国人在春节时会在门上贴什么？（春联）

（5）请问唐人街为什么会叫唐人街,因为哪个朝代？（唐朝）

(6) 请问中国的国宝是什么动物?(大熊猫)

(7) 请说出至少三种中国人常吃的面食。(包子、饺子、面条、油条等)

(8) 请说出至少三个形容天气的词语。(寒冷、闷热、凉快、舒服、温暖等)

(9) 请问以下哪几种是中国传统的乐器。A.二胡 B.古筝 C.钢琴 D.琵琶 E.吉他 (选A、B、D)

(10) 以下哪个不是中国的传统节日?A 中秋节 B.儿童节 C.端午节 D.重阳节(选B)

环节三:萝卜蹲

首先,每组成员每人说一种中国传统美食名称(可是菜系或面食),每人所说名称即代表这个人的名字进行游戏,任选一人开始,如:第一人说:"AA 蹲,AA 蹲,AA 蹲完 BB 蹲。"(AA 为第一人的名字,BB 为其他任一参赛同学名字)被点到的第二人继续说:"BB 蹲,BB 蹲,BB 蹲完 CC 蹲。"以此类推,说错者即给其小组扣一分,游戏从错误者继续开始,共完成 5 轮游戏。

三个环节的游戏结束后,由教师统计各小组所得分数,分数低的小组下一节课无提示词背诵课文《油条》,分数高的小组下一节课则可以有提示词背诵课文。

(本案编写者:杨梦　王梦雪　徐珏烨　周霞　张福敏　樊燕)